高校学生心理健康教育

GAOXIAO XUESHENG
XINLI JIANKANG JIAOYU

周佳 李秀岩 主编

知识产权出版社
全国百佳图书出版单位
—北京—

图书在版编目（CIP）数据

高校学生心理健康教育/周佳，李秀岩主编.—北京：知识产权出版社，2024.12.—ISBN 978-7-5130-9710-9

Ⅰ.G444

中国国家版本馆 CIP 数据核字第 2024009N2F 号

责任编辑：刘亚军　　　　责任校对：潘凤越
封面设计：张国仓　　　　责任印制：孙婷婷

高校学生心理健康教育
周　佳　李秀岩　主编

出版发行：	知识产权出版社有限责任公司	网　　址：	http://www.ipph.cn
社　　址：	北京市海淀区气象路 50 号院	邮　　编：	100081
责编电话：	010-82000860 转 8342	责编邮箱：	731942852@qq.com
发行电话：	010-82000860 转 8101/8102	发行传真：	010-82000893/82005070/82000270
印　　刷：	北京九州迅驰传媒文化有限公司	经　　销：	新华书店、各大网上书店及相关专业书店
开　　本：	880mm×1230mm　1/32	印　　张：	6.25
版　　次：	2024 年 12 月第 1 版	印　　次：	2024 年 12 月第 1 次印刷
字　　数：	149 千字	定　　价：	49.00 元

ISBN 978-7-5130-9710-9

出版权专有　侵权必究
如有印装质量问题，本社负责调换。

前 言

在当今社会,随着市场经济的深入发展,社会节奏不断加快,竞争日趋激烈,人际关系也变得更加复杂。这些变化不可避免地对高校学生的心理产生了深刻影响。尤其是在计划生育政策的影响下,当代大学生中,独生子女的比重较大,他们在面对学习、就业、人际关系等方面的压力时,更容易出现心理健康问题。因此,高校学生心理健康教育成为高等教育中不可忽视的重要一环。

本书正是基于这一背景,旨在深入探讨和分析当前高校学生心理健康的现状、问题及其成因,并提出有效的教育策略。全书围绕高校学生心理健康教育的核心议题,从多个维度进行全面而系统的阐述。

首先,本书对高校学生心理健康的现状进行了深入剖析。通过分析统计数据和研究报告,揭示当前高校学生普遍存在的心理健康问题，如情绪波动、自我中心、缺乏意志力等，并指出了这些问题对学生个人发展和社会适应能力的潜在影响。

其次，本书探讨了体育运动对心理健康的积极影响。作为素质教育的重要内容，体育运动不仅有助于提高学生的身体素质，还能在提升认知能力、丰富情感体验、增强自我意识、协调人际关系以及预防治疗心理疾病等方面发挥重要作用。这为高校将体育教学融入心理健康教育提供了理论依据和实践指导。本书进一步地提出了高校体育心理健康教育的具体策略，具体包括：明确教育目标、因材施教、转变教学模式、创新教学方法，以及完善考核机制、重视评价等。这些策略的实施将有助于高校更好地开展心理健康教育工作，提高教育效果。

再次，本书关注了高校学生心理特征的分析和心理健康教育机制的构建。通过对高校学生心理特征的深入剖析，提出了加强心理咨询工作人员培训、利用网络等新形式进行辅导、建立朋辈聊天室等具体对策，以期构建更加完善的高校学生心理健康教育体系。

最后，本书强调了校园文化在心理健康教育中的重要作用。通过丰富多彩的校园文化活动，可以营造良好的教育氛围，提高学生的心理素质和适应能力。同时，本书呼吁学校、家庭和社会共同努力，形成良性互动机制，为学生的心理健康成长提供全方位的支持和保障。

  总之，本书不仅具有理论价值，更具有重要的实践意义，为高校教育工作者提供了丰富的理论知识和实践指导，有助于推动高校学生心理健康教育工作的深入开展。我们相信，通过全社会的共同关注和努力，一定能够培养出更多心理健康、素质全面的社会主义建设者和接班人。

周 佳

2024 年 6 月

目 录

第一章 心理健康概述 / 001
　一、心理健康的基本概念 / 002
　二、心理健康的基本概念解析 / 003
　三、心理健康的重要性 / 009
　四、心理健康与学业和职业的关系 / 013
　五、心理健康的评估方法 / 022
　六、心理健康问题的早期识别 / 029

第二章 自我认知与自我管理 / 039
　一、自我认知的重要性 / 040
　二、自我管理与情绪调节 / 043

第三章 情绪与压力管理 / 047
　一、情绪识别与表达 / 048
　二、压力管理与放松技巧 / 050

第四章 人际关系与沟通 / 055

一、人际交往基础 / 056

二、恋爱与性心理健康 / 061

第五章 职业规划与生涯发展 / 075

一、职业规划 / 076

二、职业选择考量的关键因素 / 080

三、了解职业的有效途径 / 084

四、制定合理职业决策的方法与步骤 / 087

五、职业发展规划：绘制职业蓝图 / 091

六、职业发展实施：将规划付诸行动 / 094

七、职业发展评估：审视职业轨迹 / 096

八、职业发展调整：适应职业变化 / 098

第六章 生命教育与心理危机干预 / 115

一、生命教育与价值观念 / 116

二、心理危机干预 / 138

第七章 综合应用与案例分析 / 159

一、综合应用 / 160

二、案例分析 / 169

三、实践活动的设计与实施 / 179

第一章

心理健康概述

一、心理健康的基本概念

心理健康是人类健康的重要组成部分，在现代社会中受到越来越多的关注。心理健康对于个体的生活质量、学业成就、职业发展以及社会适应等方面都具有至关重要的影响。深入理解心理健康的基本概念，对于促进个体的全面发展和社会的和谐稳定具有深远的意义。

心理健康是一个复杂而多维的概念，涵盖了个体在认知、情绪、意志、行为和社会适应等多个方面的良好状态。心理健康不仅仅是没有心理疾病，更是一种积极向上、富有活力的心理品质。心理健康与个体的学业和职业发展密切相关，我们应该高度重视心理健康，加强心理健康教育和宣传，提高个体的心理健康意识和自我保健能力，营造良好的社会心理环境，促进个体和社会的全面健康发展。在学习、工作和生活中，我们要不断关注和维护自己的心理健康，以积极的心态面对生活中的各种挑战，实现自己的人生价值，同时为社会的发展做出更大的贡献。

二、心理健康的基本概念解析

（一）认知方面

1. 感知觉敏锐

心理健康的个体具有敏锐的感知觉能力，能够准确地感知外界的各种刺激。他们能够清晰地辨别物体的形状、颜色、声音等特征，也能及时察觉环境中的细微变化。例如，学生在学习过程中，能够迅速捕捉到老师讲解的重点内容，在生活中能够敏锐地感受到周围人的情绪变化。这种敏锐的感知觉为他们获取信息、认识世界提供了基础，有助于更好地适应环境和应对各种情况。

2. 注意力集中

具备良好的注意力品质是心理健康的个体在认知方面的重要体现。他们能够在需要时将注意力集中在特定的任务或对象上，不受无关因素的干扰。无论是在课堂上听讲、阅读书籍，还是进行复杂的工作任务，都能保持注意力高度集中，从而提高学习和工作效率。例如，学生在备考期间能够专注于复习资料，科研人员在进行实验研究时能够全神贯注地观察和记录数据。

3. 记忆力良好

拥有较强的记忆力也是心理健康个体的认知特征之一。他们能够有效地记住重要的信息、知识和经验，无论是短期记忆还是长期记忆都表现出色。良好的记忆力有助于个体在学习、工作和生活中积累知识和技能，更好地应对各种挑战。比如，他们能够准确记住学习过的专业知识，在考试或实际应用中能够迅速回忆起相关内容；他们能够记住与他人交往中的重要细节，维护良好的人际关系。

4. 思维清晰、敏捷

思维过程清晰、敏捷是心理健康个体的重要标志。他们能够迅速地理解问题、分析问题并找到解决问题的方法。在面对复杂的情况时，他们能够运用逻辑思维、创造性思维等多种思维方式，做出合理的判断和决策。例如，在面对学业上的难题时，他们能够有条理地分析问题的各个方面，尝试不同的解决思路，最终找到有效的解决方案；在职业发展中，他们能够敏锐地把握机遇，做出明智的职业选择。

（二）情绪方面

1. 情绪稳定

情绪稳定是心理健康的关键要素之一。这意味着个体能够较好地控制自己的情绪，情绪波动较小，不会轻易受到外界因素的过度影响而出现剧烈的情绪变化。在面对压力、挫折或挑战时，他们能够保持相对平静的情绪状态，避免情绪失控对自身和他人造成不良影响。例如，在考试失利或与他人发生冲突时，他们不会陷入过度的焦虑、愤怒或沮丧中，而是能够迅速调整情绪，以积极的心态面对问题。

2. 积极情绪为主导

心理健康的个体常常体验到积极的情绪，如快乐、满足、喜悦、自豪等，并且能够将这些积极情绪有效地表达出来。积极情绪不仅能够提升个体的心理幸福感，还具有诸多积极的生理和心理效应。积极情绪可以增强个体的心理韧性，提高应对压力的能力，促进身心健康。例如，积极乐观的心态有助于提高身体的免疫力，减少疾病的发生；在团队合作中，积极的情绪能够感染他人，营造良好的合作氛围，提高工作效率。

(三) 意志方面

1. 自觉性

具有明确的目标意识和自我认知是心理健康的个体在意志方面的表现之一。他们能够自觉地确定行动目标,并根据目标制订合理的计划和行动方案。在实现目标的过程中,不需要他人过多的督促和提醒,能够自觉地克服困难和干扰,坚定不移地朝着目标前进。例如,一个有明确职业目标的大学生,会主动地学习相关知识和技能,参加各种实践活动,为实现自己的职业理想而努力奋斗。

2. 果断性

在面临复杂的情境和决策时,心理健康的个体能够迅速做出判断和选择,果断地采取行动。果断性并不意味着盲目冲动,而是在充分考虑各种因素的基础上,做出明智、及时的决策。他们能够权衡利弊,抓住机遇,避免犹豫不决而错失良机。例如,在面对多个职业选择时,他们能够根据自己的兴趣、能力和职业发展前景,果断地做出决策,开启自己的职业生涯。

3. 坚韧性

具备坚韧不拔的毅力和顽强的意志是心理健康的

重要体现。在追求目标的过程中，无论遇到多少困难和挫折，都能够坚持不懈地努力。他们不会轻易放弃，而是能够从失败中吸取经验教训，调整策略，继续前进。例如，科研人员在进行研究时可能会遇到多次实验失败，但他们凭借坚韧的意志，不断尝试新的方法和思路，最终取得研究成果。

4. 自制性

能够有效地控制自己的欲望、冲动和行为是心理健康的个体在意志方面的又一重要特征。他们遵守社会规范和道德准则，在面对各种诱惑和干扰时，能够保持清醒的头脑，克制自己的不当行为，做到自我约束和自我管理。例如，在面对网络游戏等诱惑时，他们能够合理安排时间，不沉迷其中，保证自己的学习和生活不受影响。

（四）行为方面

1. 合理性

心理健康的个体行为表现符合社会规范和自身年龄特征，具有合理性。他们的行为是基于对自身和环境的正确认知，能够在适当的场合做出适当的行为。例如，在公共场合遵守秩序，尊重他人；在与他人交往中，言行得体，不会做出过激或冒犯他人的行为。

2. 适应性

心理健康的个体具有良好的行为适应能力，能够迅速适应新的环境和情境变化。无论是进入新的学校、工作单位还是面对生活中的突发情况，都能及时调整自己的行为方式，以适应新的要求。例如，大学生在进入大学后，能够适应新的学习和生活环境，积极参与各种社团活动和社交场合，拓展自己的人际关系和能力。

（五）社会适应方面

1. 良好的人际关系

能够与他人建立和维持良好的人际关系是心理健康在社会适应方面的重要体现。他们善于与人沟通，能够清晰、准确地表达自己的想法和情感，也能够认真倾听他人的意见和建议。他们尊重他人的人格、权利和意见，不歧视、不贬低他人，能够理解和包容他人的差异，善于与不同性格、不同背景的人相处。在团队合作中，他们能够发挥自己的优势，与他人协作完成任务，共同实现目标。例如，在班级或工作团队中，他们能够与同学或同事友好相处，互相帮助，共同进步。

2. 适应环境变化

能够迅速适应生活环境、学习环境和工作环境等各种环境的变化，包括适应不同的气候、地理条件、文化氛围、人际关系等。在新的环境中，他们能够积极主动地调整自己的行为方式和心理状态，尽快融入其中。例如，留学生在国外能够适应不同的文化和生活方式，顺利完成学业和生活。

3. 承担社会责任

具有良好的社会责任感，能够意识到自己作为社会一员的责任和义务，并积极履行。关心社会问题，参与社会公益活动，为社会的发展和进步做出贡献。例如，积极参与志愿者活动，为社区服务、环保事业等贡献自己的力量。

三、心理健康的重要性

在大学生的成长历程中，心理健康扮演着举足轻重的角色。它犹如一座灯塔，照亮着大学生前行的道路，影响着他们生活与学习的方方面面。心理健康不仅是大学生顺利完成学业的保障，更是他们实现个人全面发展、融入社会以及追求幸福生活的关键因素。

深入探讨心理健康对大学生的重要性，有助于我们更加重视和关注大学生心理健康问题，采取更加有效的措施促进大学生心理健康发展。

(一) 对个体自身的意义

1. 保障身体健康

心理健康与身体健康密切相关。长期处于心理不健康状态，如焦虑、抑郁、压力过大等，会导致身体免疫力下降，容易引发各种生理疾病，如心血管疾病、消化系统疾病、免疫系统疾病等。相反，良好的心理健康状态有助于维持身体的正常生理功能，保持身体处于健康状态。心理健康的个体能够更好地应对生活中的压力和挑战，减少负面情绪对身体的不良影响，保持身心的健康平衡。

2. 提升生活质量

心理健康的个体能够更好地享受生活中的美好事物，体验到更多的快乐和满足。他们具有积极的心态，能够乐观地面对生活中的挫折和困难，从生活中发现乐趣和意义。良好的人际关系、丰富的情感体验以及对生活的积极态度，都使他们的生活质量得到显著的提高。无论是在家庭生活、社交活动还是个人兴趣爱好的培养方面，他们都能更加投入和享受，创造出更加丰富和有意义的生活。

3. 促进个人成长和发展

心理健康有助于个体充分发挥自身的潜能，实现个人的成长和发展。心理健康能够帮助个体树立正确的人生观、价值观和世界观，明确自己的人生目标和方向。在面对困难和挑战时，能够激发个体的内在动力和创造力，促使他们不断学习和进步，提升自己的能力和素质。例如，通过克服心理障碍，个体可以发掘自己在艺术、音乐、体育等方面的潜力，实现个人的全面发展。

（二）对社会的意义

1. 维护社会和谐稳定

心理健康的个体能够更好地适应社会环境，遵守社会规范，与他人和谐相处。他们具有良好的社会适应能力和人际交往能力，能够有效地处理人际关系中的矛盾和冲突，减少社会不安定因素。相反，心理不健康的个体可能会出现行为问题，如犯罪、暴力行为等，对社会的和谐稳定造成威胁。因此，关注心理健康对于维护社会的和谐稳定具有重要意义，是构建和谐社会的基础之一。

2. 促进经济发展

心理健康的个体具有更高的工作效率和创造力，能够为企业和社会创造更多的价值。在工作中，他们能够保持积极的工作态度，更好地应对工作中的压力和挑战，提高工作质量和效率。同时，心理健康问题的减少能够降低社会的医疗成本和人力资源损失，促进经济的可持续发展。例如，一个积极向上、心理健康的工作团队能够为企业带来更高的经济效益，推动企业的发展壮大，进而促进整个社会经济的繁荣。

3. 推动文化繁荣

心理健康的个体具有更加开放、包容和创新的思维方式，能够为文化的繁荣和发展提供丰富的思想资源和创造力。他们能够积极参与文化活动，推动文化的传承和创新。在艺术、文学、科学等领域，心理健康的个体能够发挥自己的才能和创造力，创作出优秀的作品和成果，丰富社会的文化内涵。同时，良好的心理健康氛围有助于培养社会的良好风尚和道德规范，促进社会文明进步，推动文化的繁荣和发展。

四、心理健康与学业和职业的关系

心理健康与学业、职业密切相关,对大学生的成长和发展具有深远的影响。心理健康不仅对大学生在校园中的学习表现产生影响,更在其未来的职业发展中发挥关键作用。因此,大学生应该重视心理健康的维护和培养,学会调节自己的情绪,保持积极的心态,提高自己的心理适应能力和抗压能力。同时,学校和社会应该加强心理健康教育和服务,为大学生提供良好的心理支持和帮助,促进他们的心理健康和全面发展。只有这样,大学生才能在学业和职业发展中充分发挥自己的潜力,实现自己的人生价值,为社会的发展做出更大的贡献。

(一) 心理健康与学业的关系

1. 提高学习效率

(1) 注意力集中与学习效果

心理健康的大学生往往能够更好地集中注意力。在学习过程中,他们可以排除外界干扰,将精力专注于课堂听讲、阅读教材、思考问题等学习任务上。例如,在课堂上,他们能够紧跟老师的授课思路,不错过重要知识点；在自习时，他们能够专注于书本和作业，提高学习的速度和质量。相比之下，心理不健康的学生可能会因为焦虑、抑郁等情绪问题而导致注意力分散，难以长时间集中精力学习，从而影响学习效率。研究表明，心理健康状况良好的学生在学习时的注意力集中时间更长，能够更有效地吸收和理解知识，学习成绩也相对更好。

(2) 记忆力提升与知识积累

良好的心理健康有助于提高记忆力。大学生在学习过程中需要记忆大量的知识，如专业课程的概念、公式、理论等。心理健康的学生情绪相对稳定，大脑处于较为放松的状态，有利于信息的编码和存储，从而能够更好地记住所学内容。他们能够运用有效的记忆方法，将新知识与已有的知识体系进行整合，加深记忆。而心理压力过大或存在情绪问题的学生，可能会出现记忆力下降的情况，对学习造成阻碍。例如，在考试前过度紧张的学生可能会突然忘记之前复习过的知识点，影响考试成绩。

(3) 思维活跃与问题解决

心理健康对大学生的思维能力也有积极影响。心理健康的学生思维更加清晰、敏捷，能够迅速理解问题的本质，并运用所学知识进行分析和解决。他们具有创新思维，敢于提出不同的观点和想法，在学习中能够积极探索新的方法和途径。例如，在科研项目或课程作业中，他们能够从不同角度思考问题，提出新颖的解决方案，展现出较强的学习能力和创造力。而一些心理不健康的学生可能思维僵化，缺乏创新意识，在面对问题时容易陷入困境，难以找到有效的解决办法。

2. 增强学习动力

（1）内在兴趣激发与学习热情

心理健康的大学生通常对学习具有较高的内在兴趣和热情。他们能够从学习中获得乐趣和满足感，将学习视为自我提升和成长的重要途径，而不仅仅是为了应付考试或满足他人的期望。这种内在的学习动力促使他们主动投入时间和精力去学习，积极探索专业领域的知识。例如，对某一专业领域有浓厚兴趣的大学生，会主动阅读相关的学术书籍、参加学术讲座，深入研究专业问题，不断拓展自己的知识面。相反，心理不健康的大学生可能对学习缺乏兴趣，感到学习是一种负担，缺乏主动学习的动力。

（2）目标明确与学习积极性

良好的心理健康状态有助于大学生明确自己的学习目标。他们能够根据自己的兴趣、能力和职业规划，制定合理的学习目标，并为之努力奋斗。明确的目标为他们提供了学习的方向和动力，使他们在学习过程中更加有针对性和积极性。例如，一个立志成为优秀工程师的大学生,会为了实现这个目标而努力学习专业课程,积极参加实践活动,提高自己的专业技能。而心理状态不稳定的大学生可能缺乏明确的目标,对未来感到迷茫,学习积极性不高,容易在学习中徘徊不前。

(3) 挫折应对与学习坚持性

在学习过程中,大学生难免会遇到各种挫折和困难,如考试失利、课程难度大等。心理健康的学生具有较强的挫折承受能力和应对能力,他们能够将挫折视为成长的机会,从中吸取经验教训,调整学习方法和策略,继续坚持学习。他们相信自己通过努力可以克服困难,取得进步。例如,当考试成绩不理想时,他们会分析原因,制订改进计划,更加努力地学习。而心理脆弱的学生可能会因为一次挫折而陷入消极情绪中,对学习失去信心,甚至产生放弃的念头。

3. 培养创新思维和解决问题的能力

(1) 心理弹性与创新思维

心理健康的大学生具有较强的心理弹性,能够在面对变化和挑战时保持积极的心态。这种心理弹性有助于他们培养创新思维,敢于尝试新的事物和方法。他们不害怕失败,愿意突破传统思维的束缚,提出独特的见解和想法。在学习和实践中,他们能够灵活运用知识,将不同的学科知识进行交叉融合,创造出新颖的解决方案。例如，在创新创业项目中，心理健康的学生能够积极应对各种不确定性，发挥创新思维，提出具有市场潜力的创意和方案。

（2）情绪调节与问题解决

良好的情绪调节能力是心理健康的重要体现。大学生在学习和生活中会遇到各种问题，如学习压力、人际关系问题等。心理健康的学生能够有效地调节自己的情绪，保持冷静和理智，从而更好地分析问题、寻找解决问题的方法。他们能够客观地看待问题，不被情绪左右，从多个角度思考解决方案，并选择合适的方法进行尝试。而情绪不稳定的学生，可能在遇到问题时容易陷入焦虑、愤怒等情绪中，无法清晰地思考问题，导致问题难以解决，进一步影响学习和生活。

（3）积极心态与学习成长

积极的心态是心理健康的核心特征之一。具有积极心态的大学生在学习过程中能够不断激励自己，相信自己的能力可以不断提升。他们对新知识和新技能充满好奇心和求知欲，愿意主动学习和探索。这种积极的心态促使他们不断挑战自我，超越自我，在学习中不断取得进步。同时，他们能够从学习的过程中获得成就感和自信心，进一步强化积极心态，形成良性循环。例如，在参加学科竞赛或科研项目时，心态积极的学生能够勇敢地面对挑战，不断努力提升自己的能力，最终在比赛或项目中取得优异成绩，实现自我价值。

（二）心理健康与职业的关系

1. 更好的职业适应能力

（1）新环境融入与角色转变

心理健康的大学生在进入职场后，能够更快地适应新的工作环境和角色转变。他们具有良好的人际关系处理能力，能够与同事和上级建立良好的合作关系，迅速融入团队。在面对工作中的新任务和新要求时，他们能够保持积极的心态，主动学习和适应，尽快掌握工作所需的技能和知识。例如，在入职初期，他们能够积极向同事请教，了解公司的文化和工作流程，迅速适应工作节奏，为职业发展打下良好的基础。

（2）职业压力应对与工作满意度

职场中存在各种压力，如工作任务繁重、竞争激烈、工作时间长等。心理健康的个体具备有效的压力应对策略，能够保持良好的心理状态，应对职业压力。他们能够合理安排工作和生活，通过运动、休闲等方式缓解压力，保持工作与生活的平衡。同时，他们对工作的满意度较高，能够从工作中获得成就感和满足感，更愿意为工作付出努力。而心理不健康的个体可能会因为无法承受工作压力而产生职业倦怠，对工作失去热情，影响工作效率和职业发展。

(3) 职业发展规划与目标实现

良好的心理健康有助于大学生进行职业发展规划。他们能够清晰地认识自己的职业兴趣、能力和价值观，结合市场需求和行业发展趋势，制定合理的职业发展目标和规划。在职业生涯中，他们能够坚持不懈地朝着目标努力，不断提升自己的业务能力和专业素质，实现职业发展的逐步晋升。例如，他们会根据自己的职业规划，有针对性地参加培训、学习新技能，积累工作经验，为晋升到更高的职位做好准备。

2. 人际交往能力提升与职业发展

(1) 团队合作与沟通协作

在职业领域，团队合作能力至关重要。心理健康的个体具有良好的人际交往能力，能够与团队成员进行有效的沟通和协作。他们善于倾听他人的意见和建议，尊重他人的观点和想法，能够在团队中发挥自己的优势，与他人共同完成工作任务。良好的团队合作不仅能够提高工作效率，还能够为个人带来更多的职业发展机会。例如，在项目团队中，他们能够与不同性格和专业背景的成员合作，共同攻克项目难题，赢得团队成员和领导的认可。

(2) 人际关系建立与职业网络拓展

心理健康的个体在职业发展中更善于建立和拓展人际关系网络。他们能够积极参加行业活动、社交聚会等,结识更多的同行和业内人士。通过与他人的交流和合作,他们可以获取更多的行业信息和资源,为自己的职业发展创造更多的机会。良好的人际关系网络还可以为他们提供职业机会、合作机会等,有助于他们在职业生涯中取得更好的发展。例如,通过与校友的联系,他们可能获得内推机会,进入理想的企业工作。

(3) 领导能力与团队管理

心理健康的个体在具备一定工作经验后,往往展现出较强的领导能力。他们具有良好的情绪管理能力和沟通能力,能够激励团队成员,带领团队实现共同目标。在团队管理中,他们能够关注团队成员的需求和心理状态,营造良好的团队氛围,提高团队的凝聚力和战斗力。具备领导能力的员工在职业发展中更容易获得晋升机会,承担更重要的工作职责。例如,在担任团队负责人时,他们能够合理分配任务,协调团队成员之间的关系,带领团队取得优异的工作成绩。

3. 应对压力能力与职业生涯成功

(1) 工作压力处理与职业稳定性

职场中的压力是不可避免的,如业绩压力、职业竞争压力等。心理健康的个体未来能够有效地应对这些压力,保持良好的工作状态和职业稳定性。他们能够运用各种应对策略,如问题解决、情绪调节、寻求社会支持等，缓解压力对自己的影响。在面对工作中的困难和挑战时，他们能够保持冷静，积极寻找解决办法，而不是轻易放弃。这种应对压力的能力使他们在职业生涯中更具竞争力，能够更好地应对各种变化和挑战，保持职业的稳定发展。

（2）职业挫折应对与成长

在职业生涯中，每个人都会遇到挫折和失败，如失业、职业转型困难等。心理健康的个体具有较强的心理韧性，能够从挫折中迅速恢复，并从中吸取经验教训，实现自我成长。他们不会因为一次挫折而一蹶不振，而是能够调整心态，重新审视自己的职业规划和发展方向，寻找新的机会和途径。例如，在经历失业后，他们会积极寻找原因，提升自己的技能和竞争力，重新就业，并在新的工作中取得更好的成绩。

（3）心理健康与职业成就

研究表明，心理健康与职业成就之间存在显著的正相关关系。心理健康的个体在工作中表现更出色，更容易获得晋升和奖励，实现更高的职业成就。他们具有积极的工作态度、良好的人际关系和较强的工作能力，能够为企业创造更大的价值。同时，他们能够在职业发展中获得更多的满足感和幸福感，实现自我价值的最大化。例如，一些成功的企业家和职业经理人都具备良好的心理健康素质，他们能够在面对复杂的商业环境和巨大的工作压力时，保持冷静和理智，做出正确的决策,带领企业取得成功。

五、心理健康的评估方法

心理健康是一个复杂而多面的概念,涵盖了多个相互关联的维度。这些维度共同作用,影响着个体的心理状态和整体功能。深入理解心理健康的各个维度,对于全面评估和促进个体的心理健康具有重要意义。每个维度都在个体的生活中发挥着独特而关键的作用,它们相互交织,共同构成了一个人的心理健康状况。

心理健康评估是了解个体心理状态的重要手段,对于大学生群体而言,准确评估其心理健康状况具有至关重要的意义。它不仅有助于及时发现大学生的潜在心理问题,为干预和治疗提供依据,还能为大学生的心理健康教育和个人发展提供指导。

心理健康的评估方法多种多样,每种方法都有其独特的优势和适用范围。综合运用这些方法,可以更全面、准确地了解大学生的心理健康状况。

(一)心理测验

1. 症状自评量表(SCL-90)

(1)量表简介

症状自评量表(SCL-90)是目前被广泛应用的心

理健康评估工具之一。它包含90个项目,涉及感觉、情感、思维、意识、行为、生活习惯、人际关系、饮食睡眠等多个方面的心理症状。通过让被试者对自己近一周内的这些症状进行自评,从"没有"到"严重"分别给予0~4分的评分。

(2) 评估维度

该量表主要评估以下几个方面的心理健康状况。

躯体化:反映身体不适感,如头痛、胃痛、肌肉酸痛等。

强迫症状:包括强迫思维和强迫行为,如反复检查、重复思考等。

人际关系敏感:体现个体在人际交往中的不自在感、自卑感等。

抑郁:评估情绪低落、兴趣减退、自责自罪等抑郁症状。

焦虑:测量紧张、不安、恐惧等焦虑情绪。

敌对:反映对他人的敌对情绪、攻击性等。

恐怖:评估对特定事物或场景的恐惧程度。

偏执:考察偏执观念、猜疑等心理特点。

精神病性:涉及幻觉、妄想等精神病性症状。

其他:如饮食睡眠问题等。

(3) 应用及案例

在大学生心理健康普查中,SCL-90可以帮助学校快速了解学生整体的心理健康水平。例如,某大学对新生进行心理健康普查，发现部分学生在抑郁和人际关系敏感维度上得分较高。进一步调查发现，这些学生可能面临着适应大学生活的困难，如与室友相处不融洽、对新的学习环境不适应等。学校可以根据这些结果为学生提供相应的心理辅导和支持，帮助他们更好地适应大学生活，缓解心理压力。

2. 抑郁自评量表（SDS）

（1）量表简介

抑郁自评量表（SDS）是专门用于评估抑郁症状的量表。它由20个题目组成，每个题目描述了一种与抑郁相关的情绪或行为表现。被试者根据自己近一周的实际情况，选择最符合自己的选项，每个选项对应一定的分值。将20个题目的得分相加，得到总分，再通过换算得到标准分。

（2）评估标准

SDS的标准分分界值为53分，53~62分为轻度抑郁，63~72分为中度抑郁，72分以上为重度抑郁。

（3）应用及案例

在心理咨询中，SDS可以帮助咨询师快速了解来访者的抑郁程度。比如，一名大学生前来咨询，称自己最近情绪低落，对什么都提不起兴趣。咨询师让其填写SDS，结果显示为中度抑郁。咨询师进一步与学生沟通，了解到他在学习上遇到了较大的困难，考试成绩不理想，导致自信心受挫，从而出现了抑郁情绪。咨询师根据评估结果为学生制订了个性化的心理干预方案，包括认知行为疗法帮助学生改变消极的思维方式，以及提供学习方法指导，帮助他提高学习成绩，缓解抑郁情绪。

3. 焦虑自评量表（SAS）

（1）量表简介

焦虑自评量表（SAS）用于评定个体在焦虑方面的主观感受。它包含 20 个项目，与 SDS 类似，被试者根据自己近一周的情况进行自评，每个项目按症状出现的频率分为四级评分，最后计算总分并换算成标准分。

（2）评估标准

SAS 的标准分分界值为 50 分，50~59 分为轻度焦虑，60~69 分为中度焦虑，70 分及以上为重度焦虑。

（3）应用及案例

在考试期间，学校可以使用 SAS 对学生进行焦虑状况评估。例如，发现某班级部分学生在 SAS 上的得分较高，显示出轻度到中度的焦虑。通过与学生交流得知，他们担心考试成绩不好，害怕辜负家长和老师的期望。学校可以为这些学生开展考前心理辅导讲座，教授他们一些放松技巧，如深呼吸、渐进性肌肉松弛等，帮助他们缓解考试焦虑，以更好的状态迎接考试。

4. 心理测验的优势与局限性

（1）优势

标准化：这些心理测验都经过了严格的编制和标准化过程，具有统一的施测方法与评分标准，使得评估结果具有可比性和可靠性。

客观性：被试者根据自己的实际情况作答，减少了评估者的主观因素影响，能够相对客观地反映个体的心理状态。

高效性：可以在较短的时间内对大量个体进行评估，适用于大规模的心理健康普查和研究。

（2）局限性

伪装性：部分被试者可能会出于某种目的而故意隐瞒真实情况或夸大症状，导致评估结果不准确。

局限性：心理测验只能评估一些常见的心理症状和特质，可能无法全面反映一些复杂的心理问题或个体独特的心理状况。

文化差异：一些量表可能是基于特定文化背景编制的，在应用于不同文化群体时可能存在一定的偏差。

（二）访谈法

1. 结构化访谈

结构化访谈是一种按照预先设计好的问题和流程

进行的访谈方式。在访谈前,访谈者会制订详细的访谈提纲,包括一系列与心理健康相关的问题,如个人基本信息、生活经历、学习情况、人际关系、情绪状态等。访谈过程中,访谈者按照提纲依次提问,被访谈者根据问题进行回答。访谈者会记录被访谈者的回答内容,并根据需要进行进一步的追问和澄清。

在大学生心理辅导中,结构化访谈可以帮助辅导老师全面了解学生的情况。例如,一名学生因学习压力大而寻求心理辅导。辅导老师通过结构化访谈了解到该学生不仅在学习上遇到困难,还存在家庭关系紧张的问题。这些信息有助于辅导老师更准确地分析学生的心理问题根源,制订针对性的辅导计划,如帮助学生调整学习方法、改善与家人的沟通方式等,从而更好地解决学生的心理问题。

2. 非结构化访谈

非结构化访谈则没有固定的问题和流程,访谈者根据被访谈者的情况和谈话的进展,灵活地提出问题。这种访谈方式更加注重与被访谈者的互动交流。表面看似随心漫步,却暗藏探索心理深海的巧思。它无固定问题框架,开场几句完成暖场后,访谈者凭借敏锐的直觉与深厚的专业素养,顺着受访者情绪脉络灵活发问。如受访者谈及学习压力大,访谈者顺势追问"具体是哪些学科学习让你觉得不堪重负,面对时心里什么滋味",深挖情境细节与内心感受,宛如抽丝剥茧,不放过任何情感线头。

氛围营造是其亮点,宽松环境让受访者能随性倾诉,从童年琐事到当下人际困扰,像打开话匣子,不经意间暴露深层心结。如有人回忆起童年被孤立经历,进而带出成年社交恐惧根源,过程自然流畅,那些隐晦情绪、未曾察觉心理关联在漫谈中悄然浮现,这是刻板结构化访谈难以捕捉的细腻情绪因果。

在进行数据整合时,虽无现成的量化模板,但访谈者通过细腻文字记录、事后梳理关键主题及情感节点,绘制受访者心理地图,从中洞察个性特质、防御机制等复杂的内在架构,为个性化心理疏导、理解独特心理成因勾勒蓝本,确保干预方案贴合个体具体情况,而非千篇一律。

结构化访谈法与非结构化访谈法二者异同与互补。在相同点上,二者均秉持尊重、保密、同理原则,珍视受访者倾诉,皆为剥开心理表象,触及真实症结,且依赖访谈者专业功底,从倾听、引导到解读,专业知识是基石。二者的差异亦显著:结构化访谈法严谨高效,如工厂生产精准模具,速产标准化心理画像,适用于大规模筛查,像社区心理普查锁定高危人群;非结构化访谈法似艺术创作,在个体深度挖掘上独具优势,为疑难复杂个案雕琢专属解析,耗时久,但能唤醒沉睡心底的故事。

实践中，二者互补共生，初期可用结构化访谈法筛出大致问题框架，如学校心理排查初步圈定情绪波动的学生，再以非结构化访谈法进行二次访谈，为边缘或复杂学生补全心灵拼图，从共性到个性，全方位护航心理健康，编织密不透风的心理守护网，助受困心灵寻得曙光。

六、心理健康问题的早期识别

在大学生的成长过程中，心理健康问题可能会在不经意间出现，若未能及时发现并加以干预，可能会对其学业、生活乃至未来发展产生严重影响。因此，早期识别心理健康问题具有至关重要的意义。通过密切关注大学生的日常行为表现、情绪变化、学习和生活状态等，我们能够捕捉到可能预示心理健康问题的信号，从而为及时干预和治疗提供宝贵的契机。

（一）行为表现方面的信号

1. 日常活动规律的改变

（1）睡眠模式的变化

大学生通常有相对稳定的睡眠习惯，但当出现心理健康问题时，睡眠模式可能会发生显著改变。例如，突然开始失眠，入睡困难，或者睡眠质量明显下降，多梦、易惊醒等。长期的睡眠问题可能会导致白天精神萎靡、注意力不集中，影响学习和生活。相反，有部分学生可能会出现过度睡眠的情况，每天睡眠时间大幅增加，且醒来后仍感到疲倦。这种睡眠模式的改变，可能是抑郁、焦虑等心理问题的早期迹象之一。

（2）饮食习惯的改变

饮食习惯的突变也值得关注。有些学生可能会出现食欲减退的现象，对以往喜欢的食物失去兴趣，进食量明显减少，导致体重下降。而另一些学生可能会出现暴饮暴食的现象，通过过度进食来缓解内心的压力或情绪困扰，从而导致体重增加。饮食问题不仅会影响身体健康，还可能与心理问题相互作用，进一步加重心理负担。

（3）活动量的变化

心理健康问题可能会导致学生的活动量发生改变。原本积极参加体育活动、社团活动或其他社交活动的学生，突然变得不爱运动，经常独处，活动范围局限在宿舍或教室等小范围内，对以往感兴趣的活动失去热情。或者，有些学生可能会出现过度活动的情况，表现为坐立不安，不停地走动，无法安静下来，这种行为可能与焦虑情绪有关。

2. 自我照顾能力的下降

(1) 个人卫生习惯变差

注意观察学生的个人卫生状况，如果发现原本注重仪表、卫生习惯良好的学生，突然变得不注重个人卫生，如不按时洗漱、不更换衣物、头发凌乱等，这可能是心理健康出现问题的一个信号。自我照顾能力的下降往往反映出学生内心的疲惫和对生活的忽视，可能是他们正处于某种心理困境中，无法像往常一样关注自己的外在形象和生活细节。

(2) 生活秩序的紊乱

心理健康问题还可能导致学生的生活秩序变得紊乱。他们可能无法按时完成日常任务，如不按时上课、不按时交作业，忘记重要的约会或活动等。宿舍环境也可能变得杂乱无章，物品摆放无序，不整理床铺等。这种生活秩序的紊乱，不仅会影响学生的学习和生活质量，也可能暗示着他们内心的混乱和无法有效应对日常生活的压力。

3. 行为举止的异常

(1) 动作迟缓或过激

有些学生在出现心理健康问题时，会表现出动作迟缓的症状，行动变得缓慢、笨拙，反应迟钝，好像身体变得沉重而不听使唤。例如，在走路时步伐缓慢，说话时语速减慢，回答问题需要较长时间的思考等。与之相反，另一些学生可能会出现动作过激的情况，如频繁手抖、身体颤抖、坐立不安，或者突然做出一些冲动的行为，如摔东西、大声喊叫等。这些异常的动作举止可能与焦虑、抑郁、压力过大等心理问题有关。

（2）重复性动作增加

观察学生是否出现重复性的动作，如频繁地咬指甲、搓手、摇头、眨眼等。这些重复性动作可能是学生在无意识中通过身体动作来缓解内心的紧张和焦虑情绪。如果这些行为出现的频率较高且持续时间较长，就需要引起重视，可能是心理问题的一种外在表现。

（3）社交行为的改变

大学生的社交行为也是观察心理健康的重要方面。如果一个学生原本性格开朗，善于与人交往，但突然开始回避社交场合，不愿意与同学、朋友交流，总是独自一个人待着，这可能是出现心理问题的信号。他们可能会减少参加集体活动，避免与他人目光接触，在与人交流时表现得冷漠、敷衍，对社交活动失去兴趣。或者，有些学生在社交中可能会出现攻击性增强的情况，容易与他人发生冲突、争吵，对他人的意见和建议过度敏感，这种行为的改变可能反映出他们内心的不安和情绪波动。

（二）情绪变化方面的信号

1. 情绪波动频繁

（1）喜怒无常

心理健康的大学生通常能够较好地控制自己的情绪，情绪相对稳定。但当出现心理问题时，他们可能会变得喜怒无常，情绪波动较大。他们可能会在短时间内从高兴变得沮丧，或者从平静变得焦虑、愤怒，情绪的转变没有明显的原因或触发事件。例如，在课堂上可能会因为一点小事就突然情绪激动，或者在与同学交流时无端地发脾气，然后又很快陷入自责和懊悔之中。这种频繁的情绪波动，不仅会影响学生自身的心理状态，还可能对周围的人造成困扰，影响人际关系。

（2）情绪持续低落或高涨

持续的情绪低落是抑郁症的常见症状之一。如果发现学生长时间处于情绪低落的状态，对任何事情都提不起兴趣，总是感到悲伤、绝望，自我评价降低，觉得自己一无是处，就需要警惕是否存在抑郁倾向。相反，有些学生可能会出现情绪持续高涨的情况，表现为过度兴奋、话多、精力充沛，但这种高涨的情绪往往与实际情况不符，且可能会伴有睡眠减少、注意力不集中等症状，这可能是躁狂发作的前期表现，需要及时关注。

2. 焦虑情绪的显现

（1）过度担心和恐惧

焦虑情绪在大学生中也较为常见。早期可能表现为过度担心未来的事情，如考试成绩、就业前景、人际关系等，即使这些事情并没有实际发生或并没有那么严重，他们也会陷入过度的担忧和恐惧之中。例如，在考试前几周开始极度焦虑，担心自己考不好，反复思考考试失败的后果，导致无法集中精力复习。同时，他们可能会对一些特定的场景或事物产生恐惧，如害怕在公众场合发言、害怕乘坐电梯等，这种恐惧情绪会影响他们的正常生活和学习。

（2）身体上的焦虑症状

焦虑情绪不仅会表现在心理上，还可能引发身体症状。注意观察学生是否出现身体紧张、肌肉酸痛、手抖、心跳加快、呼吸急促、出汗、肠胃不适等症状。这些身体症状可能在没有明显身体疾病的情况下出现，是焦虑情绪在身体上的反应。如果学生频繁出现这些身体症状，且排除了身体疾病的原因，就需要考虑是否存在焦虑相关的心理问题。

3. 情绪表达的异常

（1）压抑情绪

有些学生在面对心理问题时，可能会选择压抑自己的情绪，不轻易向他人表达自己的内心感受。他们可能会表面上看起来很平静，但内心充满了痛苦和困扰。这种压抑情绪的方式可能会导致问题进一步恶化，因为情绪得不到及时的宣泄和解决，会在内心积累，最终可能以更严重的方式爆发出来。例如，一些学生长期压抑自己的抑郁情绪，最终可能会出现自杀的念头或行为，这是非常危险的。

（2）情绪爆发失控

与之相反，另一些学生可能会在情绪上突然爆发失控。他们可能会因为一点小事就大哭大闹、歇斯底里，或者对他人进行言语攻击、行为暴力。这种情绪爆发往往是长期积累的压力和情绪得不到有效缓解的结果，可能是心理问题已经较为严重的表现。例如，在面对学习压力和人际关系问题的双重困扰下，学生可能会因为一次小小的挫折就情绪崩溃，这需要引起高度重视，及时给予帮助和支持。

(三) 学习状态方面的信号

1. 学习成绩下降

(1) 注意力不集中导致学习效率降低

心理健康问题可能会影响学生的注意力，使其难以集中精力学习。例如，学生在课堂上可能会经常走神，无法专注于老师的讲解；他们在自习时也容易被外界因素干扰，无法长时间保持学习状态。这种注意力不集中会导致学习效率大幅下降，进而影响学习成绩。即使学生花费了大量时间学习，但由于效率低下，可能仍然无法取得理想的成绩。

(2) 学习动力丧失

当出现心理问题时，学生可能会丧失对学习的兴趣和动力。他们可能会觉得学习变得枯燥乏味，没有意义，不再像以前那样积极主动地学习。他们对学业目标缺乏追求，缺乏学习的热情和积极性，甚至出现厌学情绪。例如，原本对专业课程很感兴趣的学生，突然开始对学习产生抵触情绪，不愿意参加课堂讨论，不完成作业，对考试也抱着无所谓的态度。这种学习动力的丧失，不仅会影响当前的学业成绩，还可能对学生的未来发展产生深远的影响。

(3) 学习方法失当

心理健康问题可能会导致学生的认知能力和思维

方式发生变化，从而影响他们的学习方法。有些学生可能会变得思维混乱，无法合理安排学习时间和任务，不知道如何有效地学习。他们可能会盲目地采用一些不适合自己的学习方法，或者在学习过程中频繁地更换学习方法，导致学习效果不佳。例如，在复习考试时，他们无法制订合理的复习计划，东一榔头西一棒子，没有系统地进行知识梳理和总结，最终影响考试成绩。

2. 学习态度改变

（1）对学业的过度焦虑或漠视

部分学生可能会对学业表现出过度焦虑的态度，他们对每一次考试成绩都过分关注，担心自己的成绩不够优秀，害怕落后于他人。这种过度焦虑会给他们带来巨大的心理压力，影响学习效果和心理健康。也有一些学生可能会对学业采取漠视的态度，不再重视学习成绩，对学习任务敷衍了事。他们可能会认为学习不再重要，或者觉得自己无论怎么努力都无法取得好成绩，从而放弃努力。这种学习态度的转变，可能是心理问题的一种反映，需要及时了解其背后的原因。

（2）频繁缺课或迟到早退

如果学生突然开始频繁地缺课、迟到早退，这可能是心理健康出现问题的一个信号。可能是因为他们情绪低落、焦虑，无法鼓起勇气去面对课堂和老师同学；也可能是因为他们对学习失去兴趣，觉得去上课没有意义。无论是哪种原因，都需要引起关注，及时与学生沟通，了解他们的情况，帮助他们解决可能存在的心理问题，恢复正常的学习状态。

（四）生活状态方面的信号

1. 与室友或同学关系紧张

大学生在校园生活中，与室友和同学的相处时间较长，人际关系的好坏对他们的心理状态有很大影响。如果发现一个学生与室友或同学的关系突然变得紧张，经常发生矛盾和冲突，这可能是他心理出现问题的表现。例如，学生可能会因为一点小事就与室友争吵，或者在班级活动中与同学合作不融洽，对他人的意见和行为过度敏感，容易产生误解和敌意。这种人际关系问题可能会进一步加重学生的心理负担，导致他们更加孤独和焦虑。

2. 社交圈缩小

心理健康问题可能会导致学生主动缩小自己的社交圈。他们可能会逐渐疏远以前的朋友，不再积极参与社交活动，而是选择独自度过大部分时间。这种社交退缩行为可能是因为他们在人际交往中感到疲惫、不安或自卑，觉得无法与他人建立良好的关系。

第二章

自我认知与自我管理

一、自我认知的重要性

（一）自我认知的定义

自我认知是指个体对自己的身体、心理、能力、兴趣、价值观等方面的认识和了解。它是个体心理健康的基础，对个人的成长和发展具有重要影响。自我认知宛如一面镜子，映照出个体的全貌。在身体层面，清楚自己的外貌特征、健康状况以及体能素质，这是对自我最直观的认识。在心理层面，知晓自己的情绪感知模式、性格特点，比如是乐观开朗还是内敛沉稳，是敏感多思还是豁达洒脱。在能力方面，明确自己的优势与劣势，无论是学业上的擅长科目、职场中的专业技能，还是人际交往中的沟通协作能力。兴趣则引导着个人在闲暇时光的追求，是热爱艺术创作、热衷体育竞技，还是沉醉于阅读思考。价值观更是核心所在，它决定了个体对是非善恶、重要事物的评判标准，影响着人生道路的选择。深刻的自我认知能让我们在成长中找准方向，在面对机遇与挑战时做出恰当抉择，是构建健康心理与实现个人价值的基石。

（二）自我认知与心理健康的关系

准确的自我认知有助于大学生建立积极的自我形象，增强自信心和自尊心，提高心理适应能力。相反，自我认知偏差可能导致自卑、自负、焦虑等心理问题。自我认知与心理健康紧密相连，犹如齿轮与链条，相互影响。对于大学生而言，准确的自我认知是心理健康的稳固基石。当大学生能清晰洞察自身特质与能力时，他们能够依据实际情况设立目标、规划生活，积极的自我形象随之树立，自信心与自尊心也得以增强。在面对学业压力、社交困境或未来迷茫时，良好的自我认知能助力他们快速调整心态，提高心理适应能力，如同拥有了应对风浪的船桨。

反之，自我认知偏差仿若阴霾笼罩。过度自负者可能高估自己，在遭遇挫折时心理防线极易崩塌；而自卑者因低估自我，常陷入自我否定的泥沼，焦虑情绪如影随形。这些心理问题不仅阻碍个人成长，还可能影响社交关系与学业发展。因此，大学生构建精准的自我认知对维护心理健康至关重要，是走向成熟、成功的关键心理素养。

（三）提升自我认知的策略

大学生可以通过自我反思、他人反馈、心理测试等方式来提升自我认知。例如，定期回顾自己的经历和行为，听取他人的意见和建议，参加职业兴趣测试等。大学生提升自我认知对于个人成长与发展极为关键，而多种策略可助力达成这一目标。

自我反思是重要途径。大学生可定期回顾自己在学业、社交、社团活动等经历中的表现与行为。比如分析在小组作业中自己承担的角色、发挥的作用以及与他人的协作情况，思考面对困难时的应对方式，从中总结优点与不足，进而深入了解自己的能力、性格特点和处事风格。

他人反馈同样不可或缺。同学、老师、朋友和家人能从不同视角给予评价。他人指出的优点可增强自信，而关于不足的反馈更能让人警醒。例如，同学可能会反馈公开演讲时声音太小、缺乏自信，这有助于他认识到自己在表达方面的短板并加以改进。

心理测试也为提升自我认知提供科学依据。例如，职业兴趣测试，能依据个人对不同事物的喜好倾向，挖掘潜在职业兴趣点，为未来职业规划提供参考；性格测试可帮助大学生更精准地把握自身性格类型，理解为何在某些情境下会有特定反应，从而在人际交往、学习生活中更好地扬长避短。通过综合运用自我反思、他人反馈和心理测试等方式，大学生能够逐步构建清晰且准确的自我认知体系，为大学生活及未来人生道路奠定坚实的心理基础，更加从容地迎接各种挑战与机遇。

二、自我管理与情绪调节

（一）时间管理与目标设定

合理的时间管理和明确的目标设定能够帮助大学生提高学习和生活效率，减少压力和焦虑。大学生可以制订学习计划和生活日程表，合理分配时间，同时设定明确、可行的目标，并逐步实现。在大学生活中，时间管理与目标设定犹如鸟之双翼，对大学生有着极为关键的意义。合理的时间管理能让大学生的学习与生活有条不紊地推进。制订学习计划，如规定每日用于专业课程学习、阅读参考文献、完成作业的时间，可避免拖延与混乱，使学习更高效。生活日程表则能兼顾休息、娱乐与社交，维持生活的平衡。

明确的目标设定为大学生指引方向。可行的学业目标，像是在本学期内通过特定考试或提升某科成绩，能激发内在动力。而长期职业目标或个人成长目标，如灯塔，引导大学生在大学期间积累相应知识与技能。

当时间管理与目标设定协同作用时，压力与焦虑自会减少。大学生清楚知晓自己的任务与进度，按部就班地前行，不会因迷茫而慌乱，因无序而焦虑。如此，他们既能在学业上稳步进取，又能在生活里怡然自得，为未来步入社会筑牢坚实根基，实现自我价值的逐步提升。

（二）情绪识别与表达

学会识别自己的情绪是情绪调节的基础。大学生要能够准确地感知自己的情绪状态，如喜悦、愤怒、悲伤、焦虑等，并学会以健康的方式表达情绪，如通过语言、文字、艺术等方式。在大学生的心理健康与个人成长历程中，情绪识别与表达占据着举足轻重的地位。准确识别情绪是关键的第一步，大学生需要敏锐地捕捉自身内心的情感波动。当面临学业压力时，能察觉到焦虑情绪的悄然滋生；在与朋友欢聚时，体会到喜悦的自然流淌。这不仅有助于深入了解自我，更是进行有效情绪调节的基石。

健康的情绪表达则是后续的重要环节。以语言表达为例，当与室友产生矛盾而心生愤怒时，坦诚地交流感受而非压抑或爆发，可化解误会。通过文字记录情绪，能帮助整理思绪、自我剖析。借助绘画、音乐等艺术形式，更可将难以言喻的情绪具象化，在创作过程中实现情绪的舒缓与宣泄。如此，大学生方能构建良好的情绪管理体系，增强心理韧性，在复杂的校园生活与未来社会挑战中，保持内心的平衡与和谐，促进自身全面发展。

(三) 情绪调节的技巧

情绪调节的技巧包括认知重构（改变对事情的看法和态度）、放松训练（如深呼吸、渐进性肌肉松弛等）、运动锻炼（释放内啡肽等神经递质，改善情绪）、寻求社会支持（如与朋友、家人倾诉）等。

认知重构是一种强大的情绪调节方法。当面临压力事件时，我们的看法往往决定情绪反应。例如考试失利，如果只看到失败的结果，就会陷入沮丧。但如果重构认知，将其视为发现知识漏洞、提升自我的机会，情绪便会从消极转为积极。通过不断审视和调整思维模式，能从根本上改变情绪体验。

放松训练能直接舒缓身心紧张。深呼吸的方式，深吸气时让空气充满腹部，再缓缓呼气，重复几次，能平静神经系统。渐进性肌肉松弛则是依次紧绷和放松身体各部位肌肉，专注于肌肉的感觉，排除杂念，使身体和精神深度放松，缓解焦虑与压力。

运动锻炼对情绪改善作用显著。运动时，身体会分泌内啡肽等神经递质，带来愉悦感和成就感。比如跑步时，随着汗水挥洒，注意力集中在脚步和呼吸上，能忘却烦恼。长期坚持运动还能提升身体素质和心理韧性，更好地应对负面情绪。

寻求社会支持可获得情感慰藉。与朋友、家人倾诉，分享快乐能加倍，宣泄痛苦可减半。他们能给予理解、建议和鼓励,在温暖的人际关系中,情绪得到安抚,心灵得到治愈。比如失恋时,朋友的陪伴和开导能让人更快走出阴霾。掌握这些情绪调节技巧并灵活运用,能帮助大学生在情绪的浪潮中保持平稳,拥有更健康、积极的心理状态。

第三章

情绪与压力管理

一、情绪识别与表达

（一）情绪的种类与功能

情绪分为基本情绪（如快乐、悲伤、愤怒、恐惧等）和复合情绪。情绪具有适应功能、信号功能、动机功能和组织功能等，对个体的生存和发展具有重要意义。

情绪作为人类心理的重要组成部分，其分类与功能深刻地影响着个体的生存与发展。基本情绪如快乐、悲伤、愤怒和恐惧等，是人类与生俱来的本能反应。快乐让我们享受生活的美好，激励我们追求更多积极体验；悲伤则提醒我们失去或挫折的存在，促使我们反思与成长；愤怒在面对不公或威胁时激发我们捍卫自身权益；恐惧使我们对危险保持警觉，从而及时躲避伤害。

复合情绪由基本情绪组合而成，更为复杂多样，进一步丰富了我们的情感世界。情绪的适应功能让个体能够根据不同情境做出合适反应，以更好地生存。信号功能则如同无声的语言，通过表情、姿态等向他人传递内心状态，便于人际沟通与互动。动机功能给予我们行动的力量，比如因愤怒而产生改变现状的决心。组织功能更是协调着我们的认知与行为,积极情绪促进思维的灵活与高效,消极情绪则引发谨慎与内省。

(二) 健康的情绪表达方式

健康的情绪表达方式包括直接表达(在适当的场合直接说出自己的情绪感受)、间接表达(通过写作、绘画、音乐等方式表达情绪)、适度表达(控制情绪的强度和表达方式,避免过度或不当表达)等。健康的情绪表达方式对于个体的心理健康和良好人际关系的建立有着不可忽视的作用。

直接表达情绪感受在合适的场合中极为关键。例如在工作会议中,如果对某个方案有异议,冷静且有条理地直接说出自己的担忧与想法,能促进问题的解决与团队协作。这既尊重了他人,自身情绪也得以合理宣泄。

间接表达则为情绪开辟了另一条舒缓通道。当人们沉浸于写作时,将内心的喜怒哀乐化作笔下的文字,或是在绘画中用色彩与线条勾勒情绪轮廓,或是借音乐的旋律抒发情感。这些方式给予情绪一个抽象而富有创造力的出口,让难以言表的情感有处安放。

适度表达是平衡情绪与环境的艺术。过度的愤怒可能引发冲突,过度的喜悦如果表现得过于浮夸也会令人不适。学会控制情绪强度,依据不同情境选择恰当方式，如在葬礼上克制悲伤的程度，不影响他人。如此，才能在自我情绪管理与社会交往中找到和谐的平衡点，促进自身心理的健康稳定发展。

（三）情绪调节的策略

除了上述提到的情绪调节技巧，还可以采用转移注意力（如从事自己感兴趣的活动）、积极自我暗示、情绪宣泄（在安全的环境下适当宣泄情绪）等策略来调节情绪。转移注意力是调节情绪的有效策略。当陷入不良情绪时，投身于自己感兴趣的活动，比如阅读一本精彩的小说、进行一场激烈的体育运动或者专注于手工制作，能使大脑从引发负面情绪的事情上转移开来，让身心得到放松与愉悦。积极自我暗示也不容小觑，不断告诉自己"我可以""一切都会变好"，能重塑信心，改变心态，从而改善情绪状态。情绪宣泄在安全环境下进行也很必要，比如在空旷处大声呼喊、击打沙袋等，将内心压抑的情绪释放，避免其在心底不断积压，为情绪的稳定与心理健康提供有力保障。

二、压力管理与放松技巧

（一）压力的来源与影响

大学生的压力来源主要包括学业压力（如课程学

习、考试、科研等)、人际关系压力(如与同学、老师、家人的关系)、经济压力、未来发展压力(如职业规划、就业等)等。长期的压力可能导致身体和心理的健康问题,如焦虑、抑郁、失眠、身体疾病等。大学生活看似充满自由与活力,实则压力如影随形。学业课程、频繁的考试以及具有挑战性的科研任务,都要求他们持续投入大量精力与时间,稍有懈怠便可能落后。在人际关系方面,与同学的竞争与相处、对老师评价的在意、与家人期望的平衡,都可能带来困扰与不安。在经济方面,部分大学生家庭条件有限,面临学费、生活费的压力,甚至可能因经济差距在社交中产生自卑心理。而未来发展的不确定性,诸如职业规划的迷茫、就业市场的竞争压力,更是让他们忧心忡忡。长期处于这种高压状态,身体和心理都不堪重负。焦虑与抑郁情绪悄然滋生,失眠成为常态,身体免疫力下降,进而引发各种疾病。因此,大学生需要正确认识并积极应对这些压力,以维护自身的健康与成长。

(二) 压力应对策略

压力应对策略包括问题解决(积极寻找解决问题的方法)、情绪调节(如上述情绪调节方法)、寻求社会支持(向他人求助和倾诉)、改变认知(调整对压力事件的看法和态度)、时间管理(合理安排时间,减轻压力感）等。在面对大学生活中的诸多压力时，有效的应对策略是保持身心健康和学业顺利的关键。

问题解决策略要求大学生直面压力源，积极主动地探寻解决方案。例如，当学业压力大时，可制订详细的学习计划，分析课程难点并寻求老师或同学的帮助，通过逐步攻克难题来减轻压力。

情绪调节在压力应对中不可或缺。运用深呼吸、运动锻炼或转移注意力等方法，能及时舒缓紧张焦虑的情绪，使身心恢复平静，从而以更好的状态应对压力。

寻求社会支持能给予大学生情感上的慰藉与实际建议。无论是与朋友分享烦恼、向家人倾诉困惑，还是向老师请教专业问题，来自他人的理解与支持都能让大学生感受自己并非孤立无援。

改变认知有助于重新审视压力事件。将考试失利看作是查缺补漏的机会，把人际矛盾视为提升沟通能力的契机，通过调整心态，降低压力带来的负面影响。

合理的时间管理可从根源上缓解压力。通过制订日程表，合理分配学习、社交、休息时间，避免任务堆积导致的手忙脚乱，让大学生活有条不紊地进行。

综合运用这些压力应对策略，能使大学生更好地适应校园生活中的压力挑战，在困境中保持积极乐观的心态，实现自我成长与突破，为未来步入社会奠定坚实的心理与能力基础。

（三）放松技巧及其实践

深呼吸是一种简单有效的放松技巧，指通过深吸气和缓慢呼气放松身体和情绪。冥想则是通过专注于呼吸、声音或意象等，达到身心放松的状态。大学生可以每天安排一定时间进行深呼吸或冥想练习。在大学生活的快节奏与高压力之下，深呼吸和冥想成为极为有效的舒缓身心之法。

对于深呼吸，首先要找到一个安静舒适的空间，坐下或躺下，放松全身肌肉。开始时，用鼻子缓缓深吸气，让空气充满腹部，感受腹部像气球一样膨胀，这能确保呼吸深沉且充分，而不只是胸部的起伏。吸气过程持续 3~5 秒，专注于空气进入身体的清凉感与腹部的扩张。接着，用嘴巴慢慢呼气，感受腹部逐渐收缩，将体内的浊气完全排出，呼气时间可稍长于吸气，5~7 秒。重复这个过程，每次练习可进行 10~15 次呼吸循环。在呼吸过程中，如果思绪飘走，不要懊恼，轻轻将注意力拉回到呼吸上。例如，在考试前紧张时，进行几组深呼吸，能快速平静心率，缓解紧张情绪。

冥想的操作也有章可循。同样先选择宁静之处，可席地而坐或坐在椅子上，保持背部挺直但不僵硬。如果以呼吸为冥想对象，闭上双眼，将注意力集中在鼻尖或腹部的呼吸触感上，感受每一次吸气与呼气的节奏和温度变化。当杂念浮现，不要刻意驱赶，而是像旁观者一样看着它们飘过，再温柔地把注意力带回呼吸。如果选择声音冥想，可以是自然界的风声、雨声，或是一段舒缓的音乐，专注于声音的起伏、音调与音色，沉浸其中。意象冥想则是在脑海中构建一幅宁静的画面，如海边沙滩、森林深处等，将自己置身其中，感受画面中的细节与氛围。大学生即使每天抽出十分钟进行冥想，长期坚持，都能显著提升专注力，减轻压力带来的身心疲惫，让自己在繁忙的学业与生活中找到内心的宁静港湾，以更平和、沉稳的心态应对各种挑战与机遇，为自身的心理健康与成长保驾护航。

第四章

人际关系与沟通

一、人际交往基础

(一) 人际交往的重要性

人际交往对大学生的心理健康和发展具有重要意义。良好的人际关系可以提供情感支持、满足社交需求、促进自我成长和发展,还有助于提高学习和工作效率。人际交往在大学生的成长历程中扮演着极为关键的角色,其重要性体现在多个维度。

在情感支持方面,大学生远离家乡与亲人,在面对学业压力、生活挫折时,朋友和同学构成的人际网络就成了温暖港湾。他们彼此分享喜悦、分担痛苦,能给予心灵慰藉,避免孤独与无助感的侵蚀,增强心理韧性。例如,当面临考试失利时,室友的鼓励与安慰可让人重拾信心。

在满足社交需求方面,人类是社会性动物,大学生也不例外。积极的人际交往能让他们融入集体,参与各种社交活动,丰富校园生活。在社团活动、班级聚会等互动中,他们交流思想、拓宽视野,感受到自身的社会价值与存在感。

从促进自我成长与发展角度看,与不同背景、性格和专业的人交往,能接触多元观念与思维方式。在小组讨论、合作项目里，他们通过学习他人优点、反思自身不足，不断完善自我认知，提升沟通协作等能力，为未来步入社会积累宝贵经验。

在学习与工作效率提升方面，和谐的师生关系利于学业进步，老师的指导与建议能帮助学生少走弯路。同学间的互助合作可在完成课程作业、科研任务时发挥巨大作用，集思广益、分工协作，提高任务完成的质量与速度。

良好的人际交往是大学生心理健康的保障，也是其全面发展、走向成熟的重要基石，值得大学生用心经营与维护。

（二）有效沟通的技巧

有效沟通的技巧包括倾听（认真倾听对方的观点和感受）、表达（清晰、准确地表达自己的想法和情感）、反馈（给予对方适当的反馈）、非语言沟通（如肢体语言、面部表情等）等。在人际交往中，有效沟通是建立良好关系的桥梁，而掌握倾听、表达、反馈和非语言沟通等技巧是实现有效沟通的关键。

倾听是沟通的基础。当我们认真倾听对方的观点和感受时，要全身心地投入，给予对方充分的关注。不仅要听其言语，更要理解话语背后的情绪与需求。比如在朋友倾诉烦恼时，我们停下手中的事情，用眼神与对方交流，适时点头表示理解，不轻易打断，让对方感受到被尊重与接纳。这样才能深入了解对方，为有效回应奠定基础。

清晰、准确地表达自己的想法和情感同样重要。在表达前，先整理思绪，组织好语言逻辑。用简洁明了的话语阐述观点，避免含糊不清或产生歧义。例如在小组讨论方案时，明确说出自己的建议及理由，同时也要诚实地表达自己的感受，如"我对这个部分有些担忧，因为……"，使对方能更好地理解我们的立场。

反馈能让沟通形成闭环。给予对方适当的反馈，既可以是对其观点的总结与确认，如"你是说……这样吗"，以确保我们理解无误；也可以是提出自己的看法与建议，促进思想的交流与碰撞。这有助于对方了解我们的反应，推动沟通的深入进行。

非语言沟通在很多时候起着潜移默化的作用。肢体语言（如开放的姿势）传达出友好与接纳，而交叉双臂可能给人防御的感觉。面部表情更是情感的直观展示，一个微笑能缓解紧张。眼神交流也不容忽视，适度的凝视表示关注与尊重。比如在面试中，自信的眼神、端正的坐姿和微笑，能在开口之前就给面试官留下良好印象。

在实际沟通中，这些技巧往往相互配合。例如在一场商务谈判中，倾听对方的诉求后，我们用恰当的肢体语言表示理解与尊重，然后清晰准确地表达自己的底线与期望,并根据对方反应给予及时反馈,不断调整沟通策略。无论是在校园的学习交流、社团活动组织,还是未来职场的协作、生活中的人际交往,掌握这些有效沟通技巧,都能帮助我们减少误解,增进感情,提高办事效率,构建和谐融洽的人际关系,为个人的成长与发展创造有利的人际环境。

(三) 解决人际冲突的方法

解决人际冲突的方法包括妥协(双方各让一步,寻求中间解决方案)、合作(共同寻找解决问题的方法,实现双赢)、回避(暂时避免冲突,等待合适的时机解决)、迁就(一方让步,满足对方需求)等,要根据具体情况选择合适的方法。在人际交往中,人际冲突难以避免,而掌握如妥协、合作、回避、迁就等解决方法,并依据具体情境灵活运用,对维护良好人际关系至关重要。

妥协是一种常见策略。当冲突双方僵持不下时,各让一步能避免矛盾进一步激化。例如在宿舍中,两位室友因作息时间不同而产生冲突,一方希望晚上能安静学习,另一方则习惯在晚上进行一些娱乐活动。此时,双方可以协商,将娱乐活动的音量降低并控制时间,同时适当调整对环境绝对安静的要求,通过这种中间解决方案,既满足了双方部分需求,又化解了矛盾,维持了和谐的宿舍关系。

合作则追求双赢局面。双方以解决问题为共同目标，充分交流各自的需求与想法，发挥创造力寻找最优解。比如在团队项目中，成员对于项目执行方案有不同意见，此时大家不应固执己见，而是坐下来共同探讨。分析各种方案的利弊，结合各方优势，重新制订出一个融合各方智慧的新方案。这样不仅能顺利推进项目，还能增进团队成员之间的信任与默契，提升团队凝聚力。

回避并非逃避，而是在特定情况下的权宜之计。当冲突双方情绪激动，立即解决可能导致更糟糕的结果时，暂时避开锋芒是明智的。例如在家庭聚会中，亲戚间因一些陈年旧事引发激烈争吵，此时强行劝解可能火上浇油。可以先让大家冷静一下，待情绪平复后，再选择合适的时机，心平气和地探讨问题，往往能取得更好的效果。

迁就体现了一方的包容与大度。在某些情境下，一方为了维护关系的整体和谐，主动让步以满足对方需求。比如在朋友关系中，一方对某个活动有强烈的渴望，而另一方虽然不太感兴趣，但考虑到朋友的热情，选择迁就陪伴。不过，迁就不能过度，否则可能导致自身需求长期被忽视，引发新的矛盾。

在实际生活中，选择何种方法取决于多种因素，如冲突的性质、双方的关系、当时的情境等。工作场合的利益冲突可能更需要合作或妥协；而在一些日常琐事引发的短暂摩擦中,回避或迁就能起到较好的效果。只有准确判断,灵活运用这些解决人际冲突的方法,才能在人际交往的复杂网络中,巧妙化解矛盾,使各种关系得以健康、稳定地发展,为个人营造良好的人际氛围,促进自身在社交、情感和事业等多方面的顺遂发展。

二、恋爱与性心理健康

(一)恋爱中的心理问题

恋爱中的心理问题包括恋爱焦虑(担心恋爱关系的稳定和发展)、恋爱依赖(过度依赖对方,失去自我)、恋爱冲突(如价值观、生活习惯等方面的冲突)等。大学生要学会正确处理恋爱中的问题,保持健康的恋爱关系。恋爱是大学校园里一道独特而又复杂的风景线。恋爱在给大学生带来甜蜜与幸福的同时,也伴随着一系列的心理问题,如恋爱焦虑、恋爱依赖和恋爱冲突等,深刻地影响着恋爱关系的走向与大学生的心理健康。

恋爱焦虑在大学生恋爱中颇为常见。许多大学生在恋爱时,常常会陷入对恋爱关系稳定和发展的过度担忧之中,这源于他们内心深处对爱情的珍视与在乎,害怕失去这段美好的感情。例如，当恋人与其他异性有正常交往时，他们可能会心生疑虑，不断地在脑海中设想各种可能的场景，担心恋人会被他人吸引而离开自己。这种焦虑情绪不仅会影响自身的情绪状态，使自己陷入不安与烦躁之中，还可能会对恋爱关系产生负面影响。过度的焦虑会让恋人感受到不被信任，从而引发矛盾与争吵，进一步动摇恋爱关系的根基。

恋爱依赖也是一个不容忽视的问题。部分大学生在恋爱过程中，逐渐失去自我，将自己的全部情感、生活重心都过度地寄托在对方身上。他们在做任何决定时都首先考虑恋人的意见，放弃了自己原本的兴趣爱好和社交圈，只为了时刻陪伴在恋人身边。这种过度依赖的行为，短期内可能会让恋人感受到被需要的满足感，但从长远来看，会给恋爱关系带来沉重的负担。被依赖的一方可能会感到压力过大，失去自由空间，而依赖方一旦面临恋人的暂时离开或感情的波折，就会感到极度的失落与无助，仿佛失去了生活的方向。

恋爱冲突则涉及价值观、生活习惯等多方面的差异。大学生来自不同的家庭背景、地域文化，有着不同的成长经历，这些因素造就了他们在价值观和生活习惯上的多样性。在恋爱关系中，这些差异可能会引发频繁的冲突。比如，一方注重物质享受，追求时尚消费，而另一方秉持节俭朴素的生活理念；或者一方习惯早睡早起，规律作息，而另一方是个夜猫子，喜欢熬夜娱乐。这些看似琐碎的差异，在日常生活中如果得不到妥善处理，就会逐渐积累矛盾，最终可能导致恋爱关系的破裂。

大学生该如何正确处理恋爱中的这些问题，以保持健康的恋爱关系呢？

首先，大学生需要学会调整自己的心态，树立正确的爱情观。要明白爱情是建立在相互信任、尊重和独立人格基础之上的。其次，在恋爱过程中，给予对方足够的信任空间，同时努力提升自己的魅力与自信。最后，可以将更多的注意力放在自我成长与发展上，通过学习新知识、培养新技能、参加社交活动等方式，丰富自己的生活，减少对恋爱关系的过度依赖与焦虑。例如，参加各种学术讲座、社团活动、志愿者服务等，不仅能够拓宽自己的视野，还能结识更多的朋友，让自己在恋爱之外也能拥有充实而有意义的生活。

针对恋爱依赖，大学生要重新找回自我，明确自己的人生目标和个人价值。在恋爱的同时，不能放弃自己的梦想与追求。保持自己的社交圈，与朋友、同学定期聚会交流，分享彼此的生活与快乐。培养自己的兴趣爱好，如绘画、音乐、运动等，让自己在独处时也能感受到生活的乐趣。同时，多与恋人进行坦诚的沟通，让对方了解自己对独立空间和个人发展的需求，共同建立一种相互支持又彼此独立的恋爱模式。

对于恋爱冲突，关键在于相互理解与包容。当发现彼此在价值观或生活习惯上存在差异时，不要急于否定或试图改变对方，而是要坐下来，心平气和地交流，倾听对方的想法与感受，分享自己的观点与经历。通过沟通，寻找双方都能接受的平衡点或解决方案。例如，在生活习惯上，可以制订一个双方都能适应的作息时间表，或者在消费观念上，设立一个共同的理财计划，既满足各自的需求，又能避免冲突的发生。

大学生恋爱中的心理问题是多方面的，但只要能够正确认识这些问题，并采取积极有效的应对策略，就能够在恋爱中保持健康的心态，建立稳定而美好的恋爱关系，让爱情成为大学生活中一段珍贵而难忘的经历，促进自身在情感与人格上的成熟与成长。

（二）健康的恋爱关系解析

1. 建立健康的恋爱关系

建立健康的恋爱关系需要相互尊重、信任、理解、支持，保持良好的沟通和互动，同时要保持独立的自我，不过度依赖对方。在恋爱中要学会处理好感情与学业、生活的关系。在大学校园这片充满青春活力与无限可能的土地上，恋爱已成为许多大学生生活的一部分。建立健康的恋爱关系对于大学生而言，不仅是情感上的交融与陪伴，更是个人成长、心理健康以及未来发展的重要基石。

建立健康恋爱关系非常重要。健康的恋爱关系犹如一面镜子，能让大学生更清晰地认识自己。在与恋人的相处中，通过对方的反馈以及对彼此互动的反思，大学生可以发现自己性格中的优点与不足。例如，当恋人指出自己在处理问题时过于急躁，这就促使当事人去思考如何提高情绪管理能力，从而实现自我成长。同时，在共同面对困难与挑战时，双方各自发挥优势、互相学习，能够拓宽个人的能力边界，激发内在潜力，使彼此在学业、社交等多方面都得到提升。

2. 健康的恋爱关系有助于培养良好的人际交往能力

恋爱是一种特殊的人际交往形式。在健康的恋爱关系中，双方需要学会尊重、信任、理解和支持对方，这些都是人际交往的核心要素。通过与恋人的日常相处，大学生能够提升自己的沟通技巧，学会如何有效地表达自己的想法和感受，同时能更好地倾听他人。例如，在讨论未来规划时，双方需要坦诚地交流，理解彼此的梦想与期望，并给予支持与鼓励，这一过程锻炼了他们在复杂人际关系中处理分歧、寻求共识的能力，为日后步入社会处理各种人际关系奠定了坚实基础。

3. 健康的恋爱关系增强心理健康与情感稳定性

在大学这个人生转折点，大学生面临着诸多压力，如学业压力、就业压力以及自我认同的困惑等。健康的恋爱关系能为他们提供强大的情感支持。当遇到挫折时，恋人的鼓励与陪伴可以帮助他们缓解焦虑与抑郁情绪，增强心理韧性。例如，在准备考研期间，压力巨大，恋人的理解与关怀能让备考者感受到温暖与力量，以更积极的心态面对挑战。而且，稳定的恋爱关系有助于大学生建立安全感，使他们在情感上更加成熟和稳定，减少因情感波动而产生的心理问题。

4. 健康的恋爱关系构建积极的生活态度与价值观

健康的恋爱关系往往伴随着共同的目标与追求，这有助于大学生树立积极向上的生活态度。双方相互激励，为了实现梦想而努力奋斗，无论是追求学术成就还是参与社会实践，都能在彼此的陪伴下更有动力。同时，在恋爱过程中，双方对于爱情、家庭、责任等价值观的探讨与碰撞，也会促使大学生形成更加成熟和正确的价值观体系，这将深刻影响他们未来的人生选择与生活方式。

5. 如何建立健康的恋爱关系

（1）相互尊重：尊重是健康恋爱关系的基石

尊重个人差异。每个人都是独一无二的，有着不同的性格、兴趣爱好、家庭背景和生活习惯。在恋爱中，要充分认识并接纳这些差异，不能试图强行改变对方。例如，一方喜欢安静地阅读，另一方热爱户外运动，双方应尊重彼此的爱好，甚至可以尝试去了解对方的兴趣领域，以增进彼此的理解与欣赏。

尊重个人空间。即使在恋爱关系中，双方也需要独立的个人空间。这包括时间上的独处以及个人社交圈的维护。过度的依赖和占有欲会让对方感到窒息，破坏恋爱关系的和谐。比如，允许对方有时间与朋友聚会、参加社团活动或独自学习，这样既能丰富彼此的生活，又能让感情在适度的距离中保持新鲜感。

（2）相互信任：信任是恋爱关系的纽带

坦诚相待。在恋爱关系中，要做到诚实无欺，无论是过去的经历、现在的感受还是未来的计划，都应坦诚地与对方交流。例如，如果曾经有过一段难忘的感情经历，不应隐瞒，而是在合适的时机与恋人分享，让对方了解自己的成长，这样可以避免日后因隐瞒而产生的信任危机。

给予对方信任。不要无端猜疑和嫉妒，相信对方对感情的忠诚和承诺。如果总是对恋人的行为过度敏感，如因为对方与异性正常的交流就产生怀疑，这会严重伤害对方的自尊心，破坏恋爱关系的稳定。要学会理性看待恋人的社交活动，建立起相互信任的良性循环。

（3）相互理解：理解是化解矛盾的关键

换位思考。当出现分歧或矛盾时，要站在对方的角度去思考问题。比如，在选择约会地点时，如果双方意见不一致，不要固执己见，而是尝试理解对方选择背后的原因，是因为交通便利、环境舒适还是其他因素，通过换位思考，往往能找到双方都能接受的解决方案。

包容对方的情绪。每个人都会有情绪低落或情绪波动的时候，在恋人处于这种状态时，要给予理解和包容，而不是指责或抱怨。例如，当对方因为考试失利而心情沮丧时，应耐心倾听，给予安慰和鼓励，陪伴对方渡过难关，这样能加深彼此之间的情感联系。

（4）相互支持：支持是爱情前行的动力

在学业和事业上支持。大学生的主要任务仍然是学业，恋人之间应相互鼓励和支持对方的学业追求。可以一起学习、讨论问题、分享学习资源，在对方遇到学业困难时，给予帮助和建议。对于未来的职业规划，也要积极参与讨论，提供支持和信心，共同为美好的未来努力奋斗。

在情感和生活上支持。在对方面临生活挫折或情感困扰时，如家庭矛盾、人际关系问题等，要给予温暖的陪伴和实际的帮助。例如，当一方与室友发生矛盾时，另一方可以倾听其诉说，帮助分析问题，并提供一些解决问题的思路，让对方感受到无论遇到什么困难，都有恋人在身边支持。

(5)保持良好的沟通和互动：沟通是恋爱关系的桥梁

有效表达。学会清晰、准确地表达自己的想法、感受和需求。避免使用模糊或带有攻击性的语言，以免引起误解。例如，当对恋人的某个行为不满时，不要说"你总是这样，真让人受不了"，而是可以说"亲爱的，你这样做让我有些不舒服，我们可以换一种方式吗？"通过这种积极的表达方式，能让对方更容易接受并愿意做出改变。

积极倾听。在对方说话时，要专注倾听，给予眼神交流和回应，让对方感受到被重视。不要中途打断或急于反驳，要先理解对方的观点，再表达自己的看法。例如，在讨论未来生活规划时，认真倾听对方对于理想生活的描绘，然后分享自己的想法，通过这样的互动，能够增进彼此的了解，使恋爱关系更加深入。

(6)保持独立的自我：独立是恋爱关系的保鲜剂

坚持个人梦想与追求。不要因为恋爱而放弃自己的梦想和目标。无论是继续深造、追求艺术爱好还是参与社会实践，都应保持热情和努力。例如，一方有出国留学的梦想，另一方应给予支持，而不是阻碍，双方在各自追求梦想的道路上相互鼓励，既能实现个人价值，又能让恋爱关系因彼此的成长而更加稳固。

保持经济和思想独立。在经济上，尽量做到自给自足，不过度依赖对方的物质支持。同时，在思想上要有自己的主见，不盲目跟从恋人的观点。独立的思想能够让双方在恋爱关系中进行有价值的思想碰撞，促进彼此的成长与进步。

（7）正确处理感情与学业、生活的关系

合理分配时间和精力。大学生活丰富多彩，学业任务繁重，恋爱需要时间和精力投入，但不能因此而忽视学业和其他生活方面。要制订合理的时间表，将学习时间、恋爱时间、社交时间以及自我提升时间进行科学分配。例如，在考试期间，可以适当减少约会时间，增加学习时间，确保学业不受影响，同时也让恋人理解学业的重要性。

平衡情感与其他事务。不能让恋爱中的情绪波动过度影响生活的其他方面。当恋爱中出现矛盾或问题时，要学会及时调整心态，不要将负面情绪带到学习或与朋友、家人的相处中。例如，在与恋人吵架后，仍要保持良好的学习状态，积极参加社团活动，与朋友正常交往，避免因恋爱问题而导致生活失衡。

总之，建立健康的恋爱关系对于大学生来说是一门需要用心学习和实践的课程。通过相互尊重、信任、理解、支持，保持良好的沟通和互动，同时保持独立的自我，并正确处理感情与学业、生活的关系，大学生能够在恋爱中收获成长、幸福与美好的回忆，为未来的人生道路奠定坚实的情感和心理基础。

(三) 性心理健康知识

大学生需要了解性生理、性心理知识，树立正确的性观念。包括性健康的维护、性安全的意识（如避孕、预防性病等）、性别平等的观念等。在当今社会，大学生正处于身心快速发展和逐渐走向成熟的关键时期，性心理健康成为其整体心理健康的重要组成部分。了解性生理、性心理知识，树立正确的性观念，对于大学生而言具有极为深远的意义。

性健康的维护是大学生性心理健康的基础。从生理层面来看，大学生需要了解自身性器官的正常发育与功能。例如，男性应知晓遗精是正常的生理现象，是生殖系统逐渐成熟的标志之一；女性则要明白月经周期的规律以及经期卫生的重要性，正确使用卫生用品，保持外阴清洁，预防妇科疾病。同时，合理的饮食与规律的作息对于性健康有着积极的影响。均衡的营养摄入有助于维持性激素的正常分泌，而充足的睡眠能够促进身体的新陈代谢和生殖系统的正常运转。适度的体育锻炼更是不可或缺，不仅可以增强身体素质，还能改善血液循环，对性器官的健康起到促进作用。

性安全意识在大学生的性心理健康中占据着关键地位。避孕知识是其中的重要内容。大学生在发生性行为时，必须清楚了解各种避孕方法及其优缺点。避孕套作为一种常见且有效的避孕工具，不仅能够避孕，还能在很大程度上预防性传播疾病。口服避孕药则需要在医生的指导下正确使用，因为不同类型的口服避孕药有着不同的适用人群和使用注意事项。此外，宫内节育器等避孕方式对于大学生群体来说并非首选。除了避孕，预防性病也是性安全意识的核心要点。性病如艾滋病、梅毒、淋病等，一旦感染，会对个人的身心健康造成极大的危害，甚至危及生命。大学生要了解性病的传播途径，主要包括性接触传播、血液传播和母婴传播等，从而在日常生活中避免高危行为。例如，避免不安全性行为，不随意共用注射器、牙刷等可能接触血液的物品。定期进行性健康检查也是预防性病的重要措施之一，能够及时发现潜在的健康问题并进行治疗。

  性别平等的观念是大学生性心理健康的重要内涵。在传统观念中，往往存在着性别刻板印象，如认为男性应该具有刚强、独立的特质，女性则应该温柔、依赖。这种观念在一定程度上限制了个体的发展，也容易引发性别歧视和不平等的现象。大学生应摒弃这种陈旧的观念，认识到男性和女性在智力、情感、能力等方面并没有本质的差异，都有平等的权利去追求自己的梦想和目标。在恋爱和人际交往中，尊重对方的性别身份，不以性别为依据去评判他人的价值和能力。例如，在学术研究领域，女性同样可以取得卓越的成就；在体育竞技场上，男性也能展现出细腻的情感和团队协作精神。性别平等的观念有助于构建和谐、健康的两性关系，促进大学生在情感和社交方面的成熟发展。

从性心理的角度来看，大学生正处于性意识逐渐觉醒和性心理逐渐成熟的阶段。他们会对异性产生好奇、爱慕等情感，这是正常的心理现象。然而，在这个过程中，可能会出现一些性心理困扰。例如，性压抑可能会由于社会道德规范、家庭环境等因素而产生，长期的性压抑可能会导致焦虑、抑郁等不良情绪，甚至影响正常的人际交往和学习生活。性幻想也是大学生常见的性心理现象，适度的性幻想是正常的心理宣泄，但如果过度沉溺其中，则可能会影响现实生活中的恋爱关系和心理健康。此外，性梦同样是一种正常的性生理和性心理反应，大学生不必为此感到羞耻或焦虑。

为了促进大学生性心理健康的发展，学校和家庭都肩负着重要的责任。学校可以开展性健康教育课程，通过专业教师的讲解、案例分析、小组讨论等多种形式，向大学生传授性生理、性心理和性道德等方面的知识。学校还可以设立心理咨询室，为有性心理困扰的大学生提供专业的心理咨询服务，帮助他们排解烦恼，树立正确的性观念。家庭方面，父母应该与子女进行适当的性教育沟通，在孩子成长的过程中，适时地传授一些基本的性知识，以开放、平等的态度回答孩子的性疑问，营造一个健康、和谐的家庭性教育环境。

大学生性心理健康是一个涉及多方面知识和观念的重要课题。了解性生理知识、树立性安全意识、秉持性别平等观念以及正确对待性心理现象，对于大学生构建健康的性心理、培养良好的两性关系以及实现自身的全面发展都有着不可替代的作用。通过学校、家庭和社会的共同努力，为大学生提供全面的性健康教育和支持，让他们能够在性心理健康的道路上茁壮成长，迎接未来生活的挑战并创造美好的人生。

第五章

职业规划与生涯发展

一、职业规划

(一) 职业规划的重要性

职业规划有助于大学生明确自己的职业目标和发展方向，提高职业竞争力，实现职业理想。它可以帮助大学生更好地了解自己的兴趣、能力和价值观，与职业需求相匹配。在当今竞争激烈且充满不确定性的就业市场中，职业规划对于大学生而言，犹如一座明亮的灯塔，照亮他们在职业海洋中前行的道路，其重要性不言而喻。

(二) 明确职业目标与发展方向

大学生正处于人生的关键转折点，面临着众多职业选择的困惑。职业规划为他们提供了一个系统思考和自我探索的框架，帮助他们清晰地明确自己的职业目标和发展方向。通过深入了解自身的兴趣爱好，大学生能够发现那些真正激发自己热情和动力的领域。例如，一个对数字敏感且热衷于分析数据的学生，可能会在金融分析或市场调研等职业领域中找到契合点。同时，对自身能力的客观评估是至关重要的，这包括专业技能、沟通能力、团队协作能力、领导力等各个方面。了解自己的优势和劣势，有助于大学生在职业选择中扬长避短，确定更具可行性和适合自己的职业目标。

有了明确的职业目标，大学生就能够有针对性地制订学习和发展计划。比如，一个立志成为软件工程师的学生，会明确知道自己需要在大学期间系统学习编程语言、算法设计、数据库管理等相关知识，并积极参加实践项目和实习，积累实际开发经验。这种有方向的努力能够避免盲目跟风和浪费时间精力在不相关的事物上，使大学生在有限的大学时光里更高效地为未来职业做好准备。

(三) 提高职业竞争力

在就业市场的激烈角逐中，具备强大的职业竞争力是脱颖而出的关键。职业生涯规划促使大学生提前布局，全面提升自己的综合素质和能力。

首先，在专业学习方面，规划使学生明白本专业知识体系的核心和重点，以及与未来职业的紧密联系，从而更加主动和深入地学习专业课程，取得优异的学业成绩。这不仅为未来求职提供了有力的学历背景支持，也奠定了扎实的专业基础。

其次，除了专业知识，职业生涯规划还引导大学生注重培养通用技能。如前所述，沟通能力、团队协作能力、问题解决能力等在几乎所有职业领域都至关重要。大学生可以通过参加社团活动、小组项目、志愿者服务等多种途径锻炼这些能力，在社团组织活动中，需要与不同背景的同学沟通协调、共同策划执行，这一过程中他们的沟通和团队协作能力得到了很好的锻炼。规划还鼓励大学生积极考取与目标职业相关的证书，参加行业竞赛等，这些都能够为个人简历增添亮点，增强在就业市场上的竞争力。

最后，职业规划有助于大学生建立良好的职业形象和个人品牌。从大学期间开始注重个人形象塑造、职业礼仪培养以及在网络平台上展示自己的专业素养和成果，能够给潜在雇主留下深刻而良好的印象。例如，在专业社交媒体平台上分享自己的项目经验、学习心得等，展示自己对专业领域的热情和深入理解，吸引行业内人士的关注和认可。

（四）实现职业理想

每个人心中都怀揣一个职业理想，而职业规划是将这一理想转化为现实的桥梁。它帮助大学生将宏大的职业理想分解为一个个具体的、可操作的阶段性目标。例如，对于一个渴望成为知名企业高管的学生来说，他可能首先设定的目标是进入一家有潜力的企业，从基层岗位做起，然后逐步晋升到管理岗位，在不同阶段积累管理经验、拓展人脉资源、提升战略决策能力等。通过这种逐步推进的方式，职业理想不再遥不可及。

在实现职业理想的过程中，职业规划还能帮助大学生应对各种挑战和变化。职业发展道路并非一帆风顺，可能会遇到行业变革、经济波动、个人兴趣转变等多种情况。有了规划，大学生就能够提前做好心理准备和应对策略。当面临行业变革时，他们可以依据规划中对自身能力和职业市场的分析，迅速调整职业方向或技能提升重点，以适应新的市场需求。例如，随着数字化技术的快速发展，许多传统行业都在进行数字化转型，那些在职业规划中有意识培养数字化技能的大学生，就能够更顺利地在转型后的行业中找到新的职业机会，继续朝着自己的职业理想前进。

（五）促进自我认知与职业匹配

职业规划是一个深入自我认知的过程。大学生在规划过程中，需要对自己的兴趣、能力、价值观进行全面而细致的剖析。兴趣是职业选择的重要驱动力之一，它能够让大学生在工作中保持高度的热情和投入度。了解自己的兴趣所在，有助于找到那些能够让自己享受工作过程的职业领域。能力则决定了大学生在职业领域中的实际表现和发展潜力。通过对能力的评估，他们可以确定自己能够胜任哪些职业岗位，以及需要在哪些方面进一步提升。

价值观是职业选择中深层次的影响因素。它涉及个人对职业成就、工作生活平衡、社会贡献、薪资待遇等多方面的权衡和偏好。例如，一个注重社会贡献的学生可能会倾向于选择公益组织或社会服务类的职业，即使这些职业在物质回报上可能相对较低。当大学生对自己的兴趣、能力和价值观有了清晰的认识后，就能够更好地与职业市场中的各种需求进行匹配。这种匹配不仅仅是专业技能与岗位要求的匹配，更是个人整体特质与职业文化、工作环境、发展前景等多方面的契合。通过精准的匹配，大学生能够在职业中获得更高的满意度和成就感，实现个人与职业的良性互动和共同发展。

职业规划对于大学生来说具有不可估量的重要性。它是大学生明确职业目标、提高职业竞争力、实现职业理想以及促进自我认知与职业匹配的关键工具。在大学期间，大学生应高度重视职业生涯规划，积极主动地投入时间和精力进行规划和实践，为自己的未来职业发展绘制清晰而美好的蓝图，从而在毕业后顺利踏入职场，开启成功的职业生涯之旅。

二、职业选择考量的关键因素

大学生在职业选择时要考虑自己的兴趣爱好、专业技能、职业前景、个人价值观等因素。可以通过职业测评、实习、参加职业讲座等方式了解不同职业，做出合理的决策。在当今复杂多变的就业环境下，大学生的职业选择与决策成为一项具有挑战性又至关重要的任务。正确的职业选择不仅关系到大学生个人的职业发展和生活满意度，还对社会的人才配置和经济发展有着深远的影响。在进行职业选择与决策时，需要综合考虑多方面因素，并通过多种途径深入了解不同职业，以制定出合理且适合自己的职业规划。

（一）兴趣爱好：职业热情的源泉

兴趣是最好的老师，在职业选择中扮演着极为关键的角色。当大学生从事自己感兴趣的职业时，他们往往会表现出更高的工作积极性和主动性，更容易全身心地投入工作中，从而在工作中获得更多的乐趣和成就感。例如，一个对艺术创作充满热情的学生，在选择职业时可能会倾向于广告设计、影视制作、美术教育等相关领域。在这些领域中，他们能够充分发挥自己的创意和想象力，将兴趣转化为职业优势，不断推动自己在专业领域内深入探索和成长。

大学生在依据兴趣爱好选择职业时也需要保持理性。一方面，要区分兴趣与一时的冲动或娱乐消遣。有些兴趣可能仅停留在业余爱好层面，当将其转化为职业时，可能会面临诸多现实压力和挑战，如市场需求有限、竞争激烈、收入不稳定等。另一方面，要认识到兴趣是可以培养和拓展的。在大学期间，学生有机会接触到各种不同的学科和活动，可能会发现一些潜在的兴趣点。因此，不能仅仅局限于已有的兴趣爱好，而应保持开放的心态，积极探索新的领域，为职业选择提供更广阔的视野。

（二）专业技能：职业立足的基石

大学期间所学习的专业知识和技能是大学生职业选择的重要依据之一。专业技能为大学生提供了进入特定职业领域的基本门槛和竞争优势。例如，一名计算机专业的学生，通过系统学习编程语言、算法设计、软件开发流程等专业课程，具备了从事软件开发、系统测试、网络维护等相关职业的基础能力。在就业市场上，这些专业技能使他们能够与岗位要求相匹配，增加被相关企业录用的机会。

仅仅依赖于专业技能进行职业选择也存在一定的局限性。随着科技的飞速发展和社会的不断进步，职业市场对人才的要求日益多元化和综合化。许多新兴职业和跨学科领域的出现，要求从业者不仅具备扎实的本专业知识，还需要拥有跨学科的知识储备和综合技能。因此，大学生在重视专业技能培养的同时，还应注重拓宽自己的知识面，学习与专业相关的交叉学科知识，提升自己的综合素质，如沟通能力、团队协作能力、创新能力等，以适应不断变化的职业需求。

（三）职业前景：职业发展的展望

职业前景是大学生在职业选择时必须考虑的重要因素之一。一个具有良好职业前景的职业，通常意味着更多的晋升机会、更高的收入水平以及更广阔的发展空间。例如，在当前数字化转型的时代背景下，人工智能、大数据、云计算等新兴技术领域呈现出迅猛的发展态势，相关职业的需求持续增长，为从业者提供了丰富的职业发展机遇。选择这些领域的职业，大学生有望在未来获得较好的职业回报和个人成长。

然而，对职业前景的判断并非易事，需要大学生具备一定的市场洞察力和前瞻性思维。职业前景受到多种因素的影响，包括行业发展趋势、政策法规变化、技术创新速度、市场竞争格局等。大学生可以通过关注行业报告、新闻资讯、政策动态等渠道，了解不同行业和职业的发展趋势。同时，可以与已经在相关领域工作的专业人士进行交流，获取他们的经验和见解，从而更准确地评估职业前景，做出具有前瞻性的职业选择。

（四）个人价值观：职业满足的核心

个人价值观是影响大学生职业选择的深层次因素。它涉及个人对职业的意义、目的以及生活与工作平衡的认知和追求。例如，一些大学生注重工作与生活的平衡，他们可能会倾向于选择工作时间相对稳定、工作压力较小的职业，如公务员、教师等；而另一些大学生更看重职业的社会影响力和成就感，可能会选择投身公益事业、科研创新或创业领域，即使这些职业可能面临更大的风险和挑战。

在职业选择过程中，大学生需要明确自己的核心价值观，并确保所选择的职业能够与之相契合。否则，可能会在职业生涯中出现内心冲突和职业倦怠。同时，大学生应该认识到价值观是可以随着个人经历和成长而发生变化的。因此，在职业选择时要保持一定的灵活性，既要考虑当前的价值观，也要为未来价值观的可能转变预留空间。

三、了解职业的有效途径

（一）职业测评：自我认知的工具

职业测评是一种通过科学的方法和工具对个人的兴趣、能力、性格、价值观等进行系统评估，从而为职业选择提供参考依据的手段。常见的职业测评工具包括霍兰德职业兴趣测评、MBTI性格测试、职业能力倾向测评等。这些测评工具基于大量的心理学研究和实证数据，能够帮助大学生更全面、客观地了解自己的个性特点和职业倾向。

例如，霍兰德职业兴趣测评将人的职业兴趣分为六种类型：现实型、研究型、艺术型、社会型、企业型和常规型。通过测评，大学生可以了解自己在不同兴趣类型上的得分情况，进而确定自己感兴趣的职业领域范围。职业能力倾向测评则可以评估大学生在语言表达、逻辑推理、空间想象、数字运算等不同能力维度上的水平，帮助他们发现自己的优势能力，为选择与之匹配的职业提供依据。

职业测评结果并非绝对的职业选择指南，而只是一种参考和启发。大学生在使用职业测评工具时，应保持理性和批判性思维看待测评结果。测评结果可能受到多种因素的影响，如测试时的心态、对问题的理解、个人经历等。因此，需要结合自己的实际情况，对测评结果进行深入分析和综合判断。

（二）实习：职业体验的实战

实习是大学生了解不同职业的直接、有效的方式之一。通过实习，大学生能够深入实际工作环境中，亲身体验特定职业的工作内容、工作流程、工作氛围以及职业要求。在实习过程中，他们可以将所学的理论知识应用到实践中，检验自己对专业知识的掌握程度和实际运用能力，发现自己在知识和技能方面存在的不足，并及时进行学习和补充。

例如，一名市场营销专业的学生在广告公司实习期间，能够参与广告策划、市场调研、客户沟通等实际工作环节中，了解广告行业的运作模式和市场动态，掌握广告策划的基本方法和技巧，提升自己的沟通能力和团队协作能力。同时，实习为大学生提供了与职场人士建立联系的机会，他们可以向实习导师、同事请教职业发展经验，了解行业内的职业晋升路径和发展前景，获取更多关于职业选择的信息和建议。

为了充分发挥实习在职业选择中的作用，大学生在选择实习机会时应注重与自己的职业目标相匹配。尽量选择与自己所学专业或感兴趣的职业领域相关的实习岗位，并且要确保实习单位具有一定的规模和行业知名度，能够提供良好的实习培训和指导。此外，在实习过程中要积极主动，多参与实际项目，多与他人交流合作，充分利用实习机会提升自己的综合素质和职业竞争力。

（三）职业讲座：信息交流的平台

职业讲座是大学生获取职业信息和行业动态的重要渠道之一。学校、企业、行业协会等经常会举办各种形式的职业讲座，邀请企业高管、行业专家、人力资源从业者等来到校园，为大学生分享他们的职业经验、行业见解以及求职技巧等。这些讲座内容丰富多样，涵盖了不同行业和职业领域，能够帮助大学生拓宽视野，了解市场上的各种职业机会和发展趋势。

例如，一场关于金融行业职业发展的讲座，可能会介绍银行、证券、保险等不同金融机构的业务范围和岗位设置，讲解金融行业对人才的需求特点和招聘标准，分享金融从业者的职业晋升经历和成功案例。通过参加这样的讲座，大学生可以对金融行业有一个初步的认识和了解，判断自己是否对该行业感兴趣，以及是否具备进入该行业的基本条件。

大学生应积极参加各类职业讲座，提前了解讲座信息，根据自己的需求有针对性地选择参加。在讲座过程中，要认真聆听嘉宾的分享，做好笔记，并积极与嘉宾进行互动。可以提出自己关心的问题，如职业发展困惑、行业前景疑问等，获取更深入、更个性化的解答和建议。同时，可以利用讲座后的交流机会，与嘉宾建立联系，拓展自己的职业人脉资源。

四、制定合理职业决策的方法与步骤

（一）收集与分析信息

在充分考虑职业选择的各种因素，并通过多种途径深入了解不同职业之后，大学生需要对收集到的信息进行全面、系统的分析。这包括对自身兴趣爱好、专业技能、职业前景、个人价值观等内部因素的分析，以及对职业市场需求、行业发展趋势、企业竞争态势等外部因素的分析。

例如，对于一个考虑从事互联网产品经理职业的学生来说，他需要分析自己对互联网产品的兴趣程度、是否具备相关的专业知识（如计算机技术、设计算机、用户体验等）、该职业在当前市场上的需求状况（包括招聘数量、薪资水平、发展空间等）以及互联网行业的未来发展趋势（如新技术应用、市场竞争格局变化等）。通过对这些信息的综合分析，他可以初步判断自己是否适合从事该职业，以及在该职业领域中可能面临的机遇和挑战。

在信息分析过程中，大学生可以采用一些工具和方法，如SWOT分析（优势、劣势、机会、威胁分析）。通过SWOT分析，大学生可以将自己的内部优势和劣势与外部的机会和威胁进行匹配，制定出相应的职业发展策略。例如，如果一个学生发现自己在沟通能力和团队协作方面具有优势，而互联网行业对产品经理的沟通协作能力要求较高，且当前市场上对互联网产品经理的需求旺盛（机会），但自己在技术知识方面存在不足（劣势），那么他可以制定出加强技术知识学习、充分发挥沟通协作优势、抓住市场机会进入互联网产品经理领域的职业发展策略。

（二）设定职业目标与规划

在信息分析的基础上，大学生需要设定明确的职业目标，并制定相应的职业规划。职业目标应该具有明确性、可衡量性、可实现性、相关性和有时限性（SMART 原则）。例如，一个大学生的职业目标可以是"在毕业后三年内进入一家知名互联网企业担任产品助理，通过不断学习和实践，在五年内晋升为产品经理，并负责一款具有一定市场影响力的互联网产品的策划与运营"。

职业规划则是为了实现职业目标而制订的一系列行动计划和步骤，包括短期规划（1~2年）、中期规划（3~5年）和长期规划（5~10年）。短期规划主要侧重于提升自己的职业技能和积累工作经验，如参加相关培训课程、考取职业资格证书、争取实习机会等；中期规划着眼于职业晋升和个人成长，如在工作中承担更多的责任、拓展职业人脉、提升管理能力等；长期规划更多地考虑职业发展的战略方向和个人职业理想的实现，如创业、成为行业专家等。

在制定职业规划时，大学生要充分考虑可能面临的各种变化和不确定性，并制订相应的应对措施。例如，由于市场环境的变化，可能导致原计划进入的行业出现发展瓶颈或就业机会减少。此时，大学生需要根据实际情况及时调整职业规划，寻找新的职业发展方向或机会。

（三）实施与评估

设定好职业目标和规划后，关键在于付诸实施。大学生要按照职业规划的步骤和时间节点，积极行动起来，努力提升自己的职业能力，积累工作经验，拓展职业人脉，逐步实现职业目标。

在实施过程中，大学生要定期对自己的职业规划进行评估和反馈。评估的内容包括职业目标的合理性、职业规划的执行情况、自身能力和素质的提升情况、外部环境的变化等。通过评估，大学生可以及时发现职业规划中存在的问题和不足之处，并进行调整和优化。

例如，如果一个大学生在实施职业规划的过程中发现自己在某个阶段的职业技能提升速度较慢，无法满足职业发展的需求，通过分析原因，可能是学习方法不当、培训资源不足等，然后采取相应的措施，如调整学习方法、寻找更多的学习资源或参加更有针对性的培训课程等。同时，如果外部环境发生了重大变化，如行业政策调整、技术创新突破等，大学生也需要重新审视自己的职业目标和规划，根据新的情况做出适当的调整，确保职业规划始终具有可行性和有效性。

大学生的职业选择与决策是一个复杂而系统的过

程，需要综合考虑兴趣爱好、专业技能、职业前景、个人价值观等多方面因素，并通过职业测评、实习、参加职业讲座等多种途径深入了解不同职业。在此基础上，制定出符合自身实际情况和职业发展需求的合理决策，并在实施过程中不断评估和调整。只有这样，大学生才能在竞争激烈的就业市场中找到适合自己的职业道路，实现自己的职业理想和人生价值。

（四）职业生涯管理

职业生涯管理包括职业发展的规划、实施、评估和调整。大学生要不断地学习，提升自己的能力，适应职业发展的变化，实现职业生涯的持续发展。

在当今竞争激烈且充满变数的就业市场中，大学生职业生涯管理的重要性愈发凸显。有效的职业生涯管理不仅能帮助大学生顺利实现从校园到职场的过渡，还能为其长期职业发展奠定坚实基础，使其在职业生涯中不断适应变化、把握机遇，实现自身价值的持续提升。

五、职业发展规划：绘制职业蓝图

职业发展规划是大学生职业生涯管理的首要环节，犹如绘制一幅详细的职业蓝图，引导大学生明确职业方向，有条不紊地迈向职业目标。

（一）自我评估：深入了解自我

大学生首先需要对自身进行全面深入的评估，其中包括对个人兴趣爱好的审视。兴趣往往是职业选择的重要驱动力，例如，对数字敏感且喜欢分析数据的学生，可能在金融分析、数据挖掘等领域更易找到职业满足感。能力评估同样关键，涵盖专业技能、通用技能（如沟通、团队协作、领导力等）以及学习能力等。比如，一个擅长文字表达且具有较强组织能力的学生，可能在传媒、公关等行业有更好的发展潜力。个人价值观也不容忽视，它决定了大学生对职业成就、工作生活平衡、社会贡献等方面的重视程度。例如，注重社会公益的学生可能更倾向于选择非营利组织或社会责任相关的职业岗位。通过各种自我评估工具和方法，如霍兰德职业兴趣测评、MBTI 性格测试等，大学生能够更加客观、全面地认识自己，为职业规划提供精准依据。

（二）职业探索：洞察职业世界

在充分了解自我的基础上，大学生需要广泛深入地探索职业世界。这可以通过多种途径实现。职业讲座是获取职业信息的便捷窗口，学校、企业或行业协会举办的讲座往往邀请各界专业人士分享不同职业的工作内容、发展前景、技能要求等。例如，一场关于人工智能行业的讲座，能让学生了解该领域的热门岗位如算法工程师、数据科学家的具体工作细节以及行业前沿技术动态。实习则是亲身体验职业的宝贵机会，在实习期间，学生能深入企业内部，感受真实的工作氛围和流程。比如，在一家广告公司实习的学生，可以参与广告策划、创意设计、客户对接等实际工作环节，从而判断自己是否适应广告行业的快节奏和创意要求。此外，与在职人士的交流访谈也能提供丰富的职业信息，他们的亲身经历和经验教训能让大学生对特定职业有更直观、深入的认识，了解职业发展道路上可能遇到的挑战和机遇。

（三）目标设定与路径选择：明确职业方向与路线

基于自我评估和职业探索，大学生便可设定明确的职业目标。职业目标应遵循 SMART 原则，即明确（Specific）、可衡量（Measurable）、可实现（Attainable）、相关（Relevant）和有时限（Time-bound）。例如，一名计算机专业的学生可以设定"在毕业后两年内进入一家知名互联网企业从事软件开发工作，在五年内成为技术骨干并带领小团队完成项目开发"的职业目标。在设定目标后，还需规划出实现目标的路径，包括确定所需的教育背景提升（如是否需要考研深造)、技能培训(如参加专业技能认证课程)、工作经验积累(如通过实习或兼职获取项目经验)等步骤,以及预期在不同阶段达成的里程碑,如在特定时间内掌握某种编程语言或开发工具等。

六、职业发展实施:将规划付诸行动

有了完善的职业规划,关键在于付诸实施,将纸上的蓝图转化为实际的职业发展成果。

(一)学业提升:筑牢专业根基

大学期间,学业是职业发展的重要基石。大学生应努力学好专业课程,确保深入系统地掌握本专业知识体系。例如,对于工程专业的学生,扎实掌握力学、材料学、工程制图等核心课程知识是未来从事工程设计、施工管理等工作的必备条件。同时,积极参与课程项目、实验实践等教学环节,培养解决实际问题的能力。比如,在电子信息工程专业的课程项目中,学生通过设计制作小型电子电路系统,锻炼电路设计、调试以及编程控制等能力,为将来从事电子产品研发工作积累经验。此外,应广泛涉猎与专业相关的跨学科知识,如管理学、市场营销学对于理工科学生在未来职业发展中涉及项目管理、产品推广等方面具有重要辅助作用，拓宽知识视野，提升综合素质。

（二）技能拓展：提升职业竞争力

除了专业知识，大学生还需注重多方面技能的拓展。首先是专业技能的深化，通过参加专业培训课程、行业竞赛等方式，提升在特定领域的专业技能水平。例如，对于设计专业的学生，参加平面设计软件高级技巧培训课程或参与国际设计大赛，能够提高创意设计能力和作品制作水平，增强在设计行业的竞争力。其次，通用技能的培养也至关重要，如沟通能力，积极参加演讲、辩论、团队讨论等活动，锻炼清晰表达自己观点、倾听他人意见并有效沟通的能力；团队协作能力则可通过参与社团活动、小组作业、团队项目等得以提升，学会在团队中发挥自身优势，与他人协同合作完成任务；在领导力培养方面，主动担任学生干部、社团负责人或项目团队领导角色，学习组织管理、决策制定、激励团队成员等领导技巧，为未来职业发展中的管理岗位做好准备。

（三）人脉构建：拓展职业资源

人脉关系在职业发展中扮演着重要角色。大学生在校园期间就应开始构建自己的职业人脉。积极参加行业活动、校友聚会、专业论坛等，结识企业高管、行业专家、校友等各界人士。例如，在学校举办的校友企业招聘会的交流环节中，学生可以与校友企业的负责人建立联系，了解企业用人需求和行业动态，同时校友可能基于校友情谊为学生提供职业发展建议或实习就业机会。此外，利用社交媒体平台，如领英等，建立专业的个人社交网络，展示自己的专业能力和职业兴趣，与同行、潜在雇主等进行互动交流，拓展人脉资源的广度和深度，为未来职业发展创造更多机会。

七、职业发展评估：审视职业轨迹

在职业生涯发展过程中，定期的评估是确保职业规划有效性和适应性的关键环节。

（一）阶段性评估：总结与反思

大学生应按照职业规划设定的阶段性目标和时间节点，对自己的职业发展进行阶段性评估。例如，每学年或每完成一个重要的职业发展阶段（如实习结束、完成一项重要技能培训等），对自己在知识技能提升、职业目标达成进度、人脉资源拓展等方面进行全面总结。回顾在过去阶段中，是否达到了预期的学习成绩提升、技能掌握程度，是否获得了预期的实习成果或工作经验积累，人脉关系是否对职业发展起到了积极推动作用等。通过总结与反思，找出职业发展过程中的成功经验和不足之处，为下一阶段的调整优化提供依据。

（二）效果评估：衡量职业发展成效

对职业发展的效果评估主要从职业目标达成情况、职业满意度和职业竞争力提升等方面进行衡量。如果设定的短期职业目标是获得某一特定证书或进入某一企业实习，那么评估是否成功取得证书或顺利进入实习单位，以及在这个过程中对自身能力和职业认知有哪些新的提升。职业满意度则反映了大学生对当前职业状态的主观感受，包括对工作内容、工作环境、薪资待遇、职业发展前景等方面的满意程度。例如，通过问卷调查或自我反思，评估自己在实习工作中是否享受工作过程，是否认为该工作岗位具有足够的发展空间以满足自己的长期职业需求。职业竞争力提升可通过与同行业同年龄段的其他从业者进行比较，如在专业技能水平、项目经验、综合素质等方面是否具有相对优势，是否在求职面试或职业晋升过程中能够脱颖而出等。

（三）环境评估：关注外部变化

职业发展环境是动态变化的，大学生需要密切关注外部环境因素对职业规划的影响并进行评估。这包括行业发展趋势的变化，如新兴技术的出现可能导致某些传统职业岗位需求减少,而新兴职业岗位应运而生;市场竞争态势的改变,如行业内企业竞争加剧可能导致就业机会减少或职业晋升难度增大;政策法规的调整,如某些行业的政策扶持或监管加强会影响企业的发展战略和人才需求。例如,随着环保政策的日益严格,环保行业迎来快速发展机遇,相关专业人才需求大增,而一些高污染高能耗行业则面临转型升级压力,人才需求结构发生变化。大学生要及时了解这些环境变化信息,分析其对自身职业规划的影响,以便及时调整职业发展策略。

八、职业发展调整:适应职业变化

根据职业发展评估结果,大学生需要适时对职业规划进行调整,以适应不断变化的职业环境和个人发展需求。

(一) 目标调整:契合现实与发展

当发现原有的职业目标因各种原因难以实现或不再符合个人职业兴趣和发展方向时,大学生应及时调整职业目标。例如,如果原本计划在金融行业从事投资银行业务,但在实习过程中发现自己对风险管理更感兴趣且更具天赋,那么可以将职业目标调整为成为一名风险管理专家。目标调整应综合考虑个人能力变化、职业市场需求变化以及个人价值观转变等因素，确保新的职业目标既具有现实可行性，又能满足个人长期职业发展的期望，使职业规划始终保持在正确的方向上引领个人职业发展。

（二）策略调整：优化职业发展路径

随着职业目标的调整，职业发展策略也需要相应优化。这可能包括改变教育提升路径，如原本计划本科毕业后直接就业，现因职业目标调整为从事科研工作而决定考研深造；调整技能培训重点，如从注重市场营销技能培训转向加强数据分析技能学习；改变人脉拓展方向，如从关注商业领域人脉构建转向与科研机构、高校专家学者建立联系等。通过优化职业发展路径，提高职业发展效率，更好地实现调整后的职业目标。

（三）心态调整：积极应对职业挑战

职业发展过程中难免会遇到各种挫折和挑战，尤其是在进行职业调整时，大学生可能会面临心理压力和自我怀疑。因此，保持积极乐观的心态至关重要。要认识到职业调整是适应市场变化和个人成长的正常过程，把挫折视为学习和成长的机会。例如，在求职过程中遭遇多次失败后，不应灰心丧气，而是分析失败原因，总结经验教训，调整求职策略，以更加积极的心态迎接下一次挑战。同时，学会在职业发展中保持弹性和适应性，灵活应对各种不确定性，坚定地朝着自己的职业目标前进。

大学生职业生涯管理是一个贯穿大学学习生涯乃至整个职业生涯的系统性工程。通过科学合理的职业发展规划、积极有效的实施、定期全面的评估以及适时灵活的调整，大学生能够在不断变化的职业环境中找准自己的定位，提升职业竞争力，实现职业生涯的持续发展，创造出属于自己的职业辉煌。在这个过程中，大学生需要充分发挥主观能动性，积极利用各种资源，不断学习和成长，为自己的职业未来奠定坚实基础。

（四）认知重构：塑造积极职业心态

认知重构是维护心理健康的关键策略之一。在职业生涯中，人们常常会面临各种挫折与压力源，而如何看待这些经历在很大程度上决定了其对心理健康的影响。例如，当面临工作任务的失败或职业发展的暂时停滞时，一种消极的认知可能是将其视为自己能力不足的证明，从而陷入自我怀疑与沮丧的情绪中。然而，通过认知重构，可以将这些经历视为成长的机会和宝贵的学习经验。例如，一次项目失败可以促使个人深入反思在项目管理、团队协作、专业技能应用等方面存在的问题,进而有针对性地进行改进和提升。

大学生在初入职场时,往往对职业发展抱有较高的期望,当现实与期望出现差距时,容易产生心理落差。此时,需要调整认知,认识到职业发展是一个渐进的过程,不可能一蹴而就。每一个阶段都会有不同的困难和挑战,而这些都是通向成功的必经之路。比如,大学生在毕业后进入一家知名企业,期望能够迅速承担重要项目并获得晋升,却被分配到一些基础的辅助性工作岗位。如果他能重构认知,意识到在基础岗位上可以更好地熟悉公司业务流程、积累工作经验、建立人际关系网络,他就能以更积极的心态投入工作,减少焦虑和不满情绪的产生。

(五)压力管理:应对职场压力

职业生涯中的压力源多种多样,如工作负荷过重、工作时间过长、工作内容单调乏味、职场竞争激烈以及面临职业转型时的不确定性等。有效的压力管理对于维护心理健康至关重要。

首先,时间管理技巧是缓解工作压力的重要手段。合理安排工作时间,制订详细的工作计划和任务优先级清单,能够确保工作有条不紊地进行,避免任务堆积导致的焦虑感。例如,采用番茄工作法,将工作时间划分为以 25 分钟为一个单位的时间段,每个时间段之间休息 5 分钟,这样既能保持工作效率,又能让大脑得到适当的放松。同时，学会合理分配时间在工作、学习、休闲和家庭等不同生活领域，避免因过度投入工作而导致生活失衡，进而引发更大的心理压力。

其次，情绪调节策略对于应对压力不可或缺。当感受到压力带来的负面情绪时，如焦虑、愤怒或沮丧，可以通过多种方式进行调节。深呼吸练习是一种简单而有效的放松方法，通过缓慢地吸气和呼气，调节呼吸节奏，能够使身体和情绪逐渐平静下来。运动锻炼也是释放压力的良好途径，如定期进行跑步、瑜伽、游泳等有氧运动，不仅能够增强身体素质，还能促进大脑分泌内啡肽等神经递质，改善情绪状态。此外，培养兴趣爱好，如绘画、音乐、阅读等，在工作之余投入自己喜欢的活动中，能够转移注意力，缓解工作压力带来的紧张情绪。

最后，建立良好的职场人际关系网络也有助于减轻压力。与同事保持和谐的合作关系，在遇到工作困难时能够相互支持和帮助；与上级保持有效的沟通，及时了解工作期望和反馈，避免因误解导致的工作压力；与朋友和家人分享职场经历和感受，获得情感上的支持和理解。这些都能在很大程度上缓解职场压力对心理健康的冲击。例如，在面临项目截止日期临近、工作任务繁重的压力时，同事之间的相互协作和鼓励，以及下班后与朋友倾诉，都能让人感到压力得到分担，心情得到舒缓。

（六）职业转型期的心理调适：适应变化与不确定性

在职业生涯中，职业转型是许多大学生以后可能会经历的阶段，无论是从一个行业转向另一个行业，还是从一个职位晋升到另一个职位，转型过程都伴随着心理上的挑战和不确定性。

在职业转型之前，充分的自我评估和职业探索是心理调适的重要基础。了解自己的兴趣、能力、价值观以及职业目标的变化，评估自身在新职业领域中的优势和劣势，能够减少转型过程中的盲目性和焦虑感。例如，一位从事传统媒体编辑工作的人员想要转型到新媒体运营领域，他需要先评估自己在内容创作、传播策划、数据分析等方面的能力，了解新媒体行业的发展趋势、岗位要求和竞争态势，同时思考自己是否真正对新媒体运营工作感兴趣，以及该职业是否符合自己的长期职业规划。通过这样的自我评估和职业探索，他能够更有信心地做出转型决策，并为转型过程做好心理准备。

在职业转型过程中，保持开放的心态和积极的学习热情是关键。新的职业领域往往意味着新的知识、技能和工作方式需要学习和适应。面对可能出现的困难和挫折，要将其视为成长的机会，积极主动地寻求学习资源和培训机会，提升自己在新领域的竞争力。

例如，参加线上线下的新媒体培训课程、向行业内的专家请教经验、参与相关项目实践等，通过不断学习和实践，逐渐适应新的职业环境，建立起在新领域的职业自信。

在职业转型期间，也要注重心理支持系统的建立。与家人、朋友和前同事保持密切联系，分享转型过程中的经历和感受，获得他们的鼓励和支持。此外，可以加入一些职业转型交流群体或社区，与有相同经历的人交流心得，互相学习和借鉴经验，共同应对转型过程中的心理挑战。例如，在一些职业转型论坛上，转型者们可以分享自己在求职面试、技能提升、心理调适等方面的经验和困惑，从他人的故事中获得启发和力量，增强自己顺利度过转型期的信心。

（七）持续学习与自我成长：增强心理韧性

在职业生涯中，持续学习和自我成长不仅有助于提升个人的职业竞争力，也是维护心理健康的重要因素。通过不断学习新知识、新技能，个人能够更好地适应职业环境的变化，增强对职业发展的掌控感，从而提升心理韧性。

在专业领域内，关注行业动态和前沿技术，参加专业培训课程、学术研讨会、行业会议等，不断更新自己的知识体系，提升专业技能水平。例如，在信息技术行业，新技术如人工智能、大数据、区块链等不断涌现,从事相关工作的人员需要持续学习这些新技术的原理、应用场景和开发工具,才能在职业发展中保持领先地位。同时,跨学科学习是拓宽职业发展道路、增强心理适应性的有效途径。学习与本专业相关的其他学科知识,如管理学、心理学、市场营销学等,能够培养综合思维能力,提升解决复杂问题的能力,为应对职业生涯中的各种挑战提供更丰富的知识储备和思维工具。

注重个人综合素质的提升,如沟通能力、团队协作能力、领导力、创新能力等,也是持续学习与自我成长的重要内容。这些能力的提升不仅有助于在职场中取得更好的工作业绩,还能增强个人的自信心和职业满意度。例如,通过参加沟通技巧培训课程、参与团队项目实践、担任团队领导角色等方式,逐步提升自己在这些方面的能力,能够更好地与同事、上级和客户进行沟通协作,有效地领导团队完成任务,提出创新性的解决方案,从而在职业生涯中获得更多的成就感和满足感。

在职业生涯中,个体会面临着诸多心理健康挑战,但通过认知重构塑造积极心态、有效管理压力、调适职业转型期心理、持续学习与自我成长等多方面的策略与实践,可以有效地维护心理健康,增强心理韧性,实现职业发展与心理健康的良性互动,在充满挑战的职业生涯道路上保持积极向上的精神状态,迎接各种机遇与挑战，创造出有意义和价值的职业人生。

（八）职业生涯适应与变化管理

随着社会的发展和变化，职业环境也在不断变化。大学生要具备良好的生涯适应能力，及时调整自己的职业规划和发展策略，适应职业变化。在当今时代，社会的快速发展和科技的迅猛进步，使职业环境处于持续的变动之中。对于大学生而言，拥有良好的职业生涯适应能力，以便在这一动态的职业格局中及时调整职业规划与发展策略，已成为实现个人职业成功与持续发展的关键要素。

1. 职业环境扫描：洞察变化趋势

大学生首先需要具备敏锐的洞察力，对职业环境进行全面且深入的扫描，以精准把握职业变化的趋势与动态。这涵盖了多个重要层面。

从宏观角度来看，密切关注经济形势的起伏波动、政策法规的推陈出新以及社会文化的演变走向是必不可少的。例如，随着国家对环保产业的大力扶持与政策倾斜，新能源、环保科技等领域迎来了前所未有的发展机遇，相关职业岗位如新能源工程师、环保咨询师等需求激增。在社会文化层面，人们对健康生活方式的日益重视催生了健身教练、营养师、健康管理师等新兴职业的蓬勃兴起。

在中观层面，深入了解行业的发展态势显得尤为关键。行业的兴衰更替不仅影响就业机会的多寡，还决定了职业技能要求的更新与转变。以传统媒体行业为例，随着互联网技术的广泛应用和新媒体平台的崛起，传统纸媒、电视媒体面临着巨大的挑战，行业内的职业岗位如记者、编辑等，其工作内容和技能要求已发生了深刻变化，除了扎实的新闻采编基本功，还需熟练掌握新媒体运营技术、数据分析能力以及融媒体报道技巧等。

微观层面则聚焦于企业组织内部的变革与创新。企业的战略调整、业务拓展、组织架构优化以及技术创新应用等，都会对员工的职业发展产生直接或间接的影响。例如，一家传统制造业企业向智能制造转型，要求企业内部员工具备自动化控制技术、工业机器人编程与操作、智能制造系统管理等相关技能，原有的生产工艺岗位可能会被智能化生产岗位所取代，员工如果不能及时适应这一变化，就可能面临职业发展的困境。

通过对职业环境从宏观、中观到微观的全方位扫描与分析，大学生能够提前预判职业变化的方向与趋势，为后续的职业规划调整与策略制定提供有力的依据与信息支撑。

2. 自我评估与反思：明晰自身优势与局限

在职业环境不断变化的背景下，大学生需要定期进行深入的自我评估与反思，以清晰地认识自己在这一动态过程中的优势与局限，从而更好地适应职业变化。

自我评估应涵盖多个维度。在兴趣爱好方面，重新审视自己的兴趣点是否发生了转移或拓展。例如，原本对文学创作充满热情的大学生，在接触了数字媒体技术后，发现自己对新媒体内容创作也有着浓厚的兴趣，这就为其职业选择开辟了新的方向，如新媒体文案策划、短视频编剧等。能力评估则需全面考量专业知识技能的掌握程度、通用能力（如沟通、团队协作、创新、学习能力等）的发展水平以及个人特质（如性格特点、抗压能力、适应能力等）对职业发展的影响。例如，一名计算机专业学生在掌握了扎实的编程技术基础上，如果还具备较强的沟通能力和团队协作精神，那么他在从事软件开发项目时，不仅能够高效完成技术任务，还能更好地与团队成员、客户进行沟通协调，从而提升项目的整体推进效率和质量。

价值观的反思同样不容忽视。随着年龄的增长、阅历的增加以及社会环境的变化，个人的职业价值观可能会发生改变。例如，在大学毕业初期，可能更注重薪资待遇和职业晋升机会，而在经历了一段时间的工作后，可能会更加看重工作与生活的平衡、职业的社会价值与意义等。明确自身当前的职业价值观，有助于大学生在面对职业选择与变化时，做出更符合内心需求与长远发展的决策。

自我评估还应包括对过往职业经历（如有实习、兼职经历）的总结与分析，从中吸取经验教训，发现自己在职业发展过程中的成功模式与不足之处，以便在未来的职业规划与实践中有针对性地进行强化与改进。

（九）职业规划调整：灵活应对职业变迁

基于对职业环境的洞察和自我评估的结果，大学生需要及时且灵活地对职业规划进行调整，以确保职业发展路径与职业变化趋势相契合。

在职业目标调整方面，当发现原有的职业目标因行业变革、市场需求变化等因素而难以实现或不再具有吸引力时，应果断重新设定目标。例如，原本计划从事传统外贸行业的学生，随着全球贸易格局的调整和跨境电商的迅猛发展，可将职业目标转向跨境电商运营领域，如成为一名跨境电商平台的店铺运营经理或海外市场推广专员等。职业目标的调整应遵循可行性、适应性和前瞻性的原则，既要考虑自身当前的实际情况与能力水平，又要适应职业环境的变化趋势，还要具有一定的前瞻性，能够为个人的长期职业发展预留空间。

职业发展路径的优化也是职业规划调整的重要内容。在职业变化的背景下，可能需要探索新的职业发展途径和方式。例如，对于一些新兴职业领域，由于行业发展尚不成熟，传统的从基层员工逐步晋升的职业路径可能并不适用，大学生可能需要通过自主创业、参与项目合作、跨行业跳槽等方式来实现职业发展的突破。又如，在人工智能、大数据等前沿科技领域，技术更新换代速度极快，大学生可以选择先在知名科技企业的研发部门积累实践经验，然后进入高校或科研机构进行深造学习，提升自己的理论研究水平，之后再回到企业或自主创业，将理论与实践相结合，开拓新的职业发展空间。

在调整职业规划的过程中，还需制订详细的行动计划与时间表，明确各个阶段的任务与目标，确保职业规划能够切实有效地付诸实践。例如，为了实现从传统外贸向跨境电商运营的职业转型，需要制订在一定时间内完成跨境电商平台运营知识学习、相关技能培训、实践操作经验积累以及建立行业人脉资源等具体行动计划，并设定相应的时间节点进行检查与评估，及时调整行动计划中的不足之处，以保证职业转型的顺利进行。

（十）持续学习与技能提升：增强职业适应力

在职业环境瞬息万变的今天，持续学习与技能提升已成为大学生增强职业适应力、应对职业变化的核心策略之一。

在专业知识技能学习方面，大学生应树立终身学习的理念，紧跟行业前沿技术与知识的发展步伐。例如，在金融行业，随着金融科技的兴起，区块链、数字货币、智能投顾等新兴技术与业务模式不断涌现，金融专业的学生和从业者需要持续学习这些新知识、新技能，参加相关的专业培训课程、学术研讨会、在线学习平台课程等，不断更新自己的金融知识体系，提升在金融科技领域的专业素养与实践能力，以适应金融行业数字化转型带来的职业变化需求。

通用技能的培养同样至关重要。沟通能力、团队协作能力、创新能力、领导力以及数字化素养等通用技能在几乎所有职业领域都发挥着关键作用，且随着职业环境的变化，对这些技能的要求也在不断提高。大学生可以通过参加社团活动、团队项目实践、创新创业竞赛、企业实习等多种途径来锻炼和提升这些通用技能。例如，在参与学校的创新创业竞赛过程中，学生需要与团队成员密切合作，共同完成商业计划书的撰写、项目路演展示等任务，这一过程不仅能够锻炼团队协作能力、创新能力，还能提升沟通表达能力和领导力,同时在项目策划与实施过程中会涉及数字化工具的应用,如数据分析软件、项目管理工具等,从而有助于提升数字化素养。

培养跨学科学习与整合知识的能力也是适应职业变化的重要举措。在当今多学科交叉融合的时代背景下,许多新兴职业都需要具备跨学科知识背景的复合型人才。例如,生物信息学这一新兴领域融合了生物学、计算机科学、数学等多学科知识,从事该领域工作的人员需要掌握生物学的基本原理、基因测序技术,同时要熟练运用计算机编程进行生物数据的分析与处理,以及运用数学模型进行生物信息的建模与预测。大学生可以通过选修跨学科课程、参与跨学科研究项目、辅修第二学位等方式拓宽自己的知识视野,培养跨学科思维与整合知识的能力,为应对职业变化中的跨学科挑战做好准备。

(十一)心态调整与心理适应:保持积极应对姿态

面对职业环境的不断变化,大学生除了在职业规划、学习技能等方面进行调整与提升,还需注重心态调整与心理适应,保持积极乐观的应对姿态。

在职业变化过程中,难免会遇到各种挫折与困难,如求职失败、职业转型困境、职场竞争压力等,此时保持良好的心态至关重要。要学会正确看待挫折与失败,将其视为职业成长与学习的宝贵机会。例如,一次求职失败可能是因为自身在面试技巧、职业技能匹配度等方面存在不足,通过对这次失败经历的反思与总结,有针对性地进行改进与提升,下次求职成功的概率就会大大增加。同时,要培养坚韧不拔的毅力和抗挫折能力,在面对困难时不轻易放弃,坚持不懈地追求自己的职业目标。

适应职业变化还需要具备开放的心态和较强的应变能力。职业环境的变化往往伴随着新的机遇与挑战,大学生要敢于尝试新事物、接受新观念,积极适应新的工作方式、组织文化和职业角色要求。例如,在远程办公、共享经济等新型工作模式兴起的背景下,大学生需要快速适应这种灵活多变的工作方式,学会自我管理、时间管理以及在虚拟团队中进行有效协作等新技能。

建立良好的社会支持系统也有助于大学生在职业变化过程中保持心理健康。与家人、朋友、同学、老师以及职场导师等保持密切的联系与沟通,在遇到职业困惑或心理压力时,能够及时得到他们的支持、鼓励与建议,从而缓解职业变化带来的心理冲击,增强心理适应能力。

大学生在职业生涯中面临着职业环境的持续变化与诸多挑战,通过对职业环境的敏锐扫描、深入的自我评估与反思、灵活的职业规划调整、持续的学习与技能提升、积极的心态调整与心理适应，能够有效地提升职业生涯适应能力，在动态变化的职业格局中找准自己的定位，实现职业发展的顺利过渡与持续成长，为个人的职业成功与幸福生活奠定坚实的基础。

第六章

生命教育与心理危机干预

一、生命教育与价值观念

（一）生命的价值与意义

生命教育旨在帮助大学生认识生命的宝贵和独特，理解生命的意义和价值。生命的价值不仅仅在于个人的成就和幸福，还在于对他人、社会的贡献。在高等教育的广阔领域中，生命教育犹如一颗璀璨的星辰，正日益凸显其不可或缺的重要性。生命教育致力于引导大学生深入探寻生命的奥秘，这一教育内涵深远，不仅关乎大学生个体的成长与幸福，更与整个社会的和谐发展紧密相连。

生命，以其无与伦比的独特性傲然于世。从生物学的微观视角审视，每个人的基因组合都是独一无二的奇迹，如同浩瀚宇宙中独一无二的星辰。这种独特性不仅体现在生理层面，更延伸至心理、情感和精神的广袤领域。大学生们怀揣各自独特的梦想、才华与个性，踏入大学校园这一充满希望与挑战的舞台。有的学生对艺术创作有着敏锐的感知和炽热的激情，他们用画笔描绘出绚烂多彩的世界，用音符谱写动人心弦的乐章；有的学生则在科学研究的海洋中遨游，凭借着对未知的强烈好奇和坚韧不拔的探索精神，试图揭开自然和人类社会的神秘面纱；还有的学生擅长与人沟通交流，在各类社团活动和社会实践中展现出卓越的组织才能和领导魅力，成为凝聚团队力量的核心纽带。生命的独特性赋予了大学生们无限的发展潜能和丰富多样的人生选择，使其成为推动社会进步与创新的重要源泉。

生命的珍贵性更是不言而喻。它是大自然慷慨馈赠的最珍贵礼物，承载着无数的可能性与希望。大学生正处于人生的黄金时期，青春的活力在他们身上蓬勃绽放。这一时期的他们，身体健康、思维敏捷、精力充沛，拥有着最为宝贵的时间资源和学习条件。在大学校园里，他们可以尽情汲取知识的养分，在知识的广袤天地中自由驰骋；可以与志同道合的伙伴们交流思想、碰撞智慧的火花，共同成长进步；可以参加丰富多彩的学术、文化和体育活动，锻炼自己的综合能力，拓展人生的视野。然而，生命的旅程并非一帆风顺，其中充满了各种挑战与挫折。学业上的压力犹如一座座山峰，需要他们奋力攀登；人际关系的复杂性如同一座座迷宫，需要他们用心去探索；未来职业的不确定性似一团团迷雾，需要他们凭借智慧和勇气去拨开。面对这些困境，生命教育犹如一盏明灯，照亮他们前行的道路，教导大学生们珍惜生命中的每一个瞬间，以积极乐观的心态迎接挑战，用坚韧不拔的毅力克服困难，让生命在磨砺中绽放更加耀眼的光芒。

生命的意义与价值是生命教育的核心所在。从个体层面来看，生命的意义在于追求个人的成长与幸福。大学生们通过努力学习专业知识，不断提升自己的能力和素质，实现自我价值的逐步升华。他们在追求梦想的道路上，每一次的突破与进步都为生命增添了一抹绚丽的色彩。当他们成功攻克一道学术难题时，内心涌起的成就感和喜悦感便是生命意义的生动体现；当他们在舞台上尽情展示自己的才艺，赢得台下观众热烈的掌声和由衷的赞誉时，那种被认可和尊重的感觉进一步丰富了生命的内涵。然而，生命的价值绝不仅仅局限于个人的小天地，更体现在对他人和社会的无私奉献之中。

在社会的宏大舞台上，一个人的力量或许看似微不足道，但无数个体的奉献汇聚在一起，便能形成一股强大的洪流，推动社会向着更加美好的方向奋勇前进。大学生作为社会未来发展的栋梁，肩负着特殊的历史使命和社会责任。他们可以积极参与志愿服务活动，关爱弱势群体，为那些身处困境的人们送去温暖和希望。例如，走进偏远山区的学校，为那里的孩子们传授知识、开阔视野，成为他们梦想起航的引路人；或者投身于社区的公益事业，为改善社区居民的生活环境贡献自己的一份力量，用实际行动诠释爱的力量。在面对重大社会事件时，大学生们也能够挺身而出，展现出强烈的社会责任感和勇于担当的精神。在自然灾害面前,他们积极参与救援和重建工作,为受灾群众提供物质援助和精神支持;在公共卫生事件中,他们主动担当志愿者,协助医护人员开展疫情防控工作,用青春的热血守护人民的生命健康安全。这些奉献行为不仅为他人带来了实实在在的帮助和改变,更在社会中传递了正能量,激发了更多人对生命价值的深刻思考和积极追求。

生命教育对于大学生而言,是一场深刻的心灵洗礼和精神重塑之旅。它帮助大学生们树立正确的生命观,使他们能够以敬畏之心对待生命,珍视生命的每一个阶段和每一种经历。在面对生活中的种种诱惑和困境时,能够坚守生命的底线,不轻易放弃自己的生命,也不伤害他人的生命。同时,生命教育能够激发大学生们的内在动力,引导他们积极探索生命的意义和价值,明确自己的人生目标和方向。在追求个人梦想的过程中,不忘关注社会的需求和他人的幸福,努力将个人的成长与社会的发展紧密结合起来,实现个人价值与社会价值的有机统一。

从社会层面来看,生命教育的普及与深入开展对于构建和谐社会具有深远的战略意义。一个尊重生命、珍视生命价值的社会,必然是一个充满人文关怀和爱的社会。在这样的社会环境中,人们相互尊重、相互理解、相互帮助,社会矛盾和冲突将得到有效缓解,社会秩序将更加稳定和谐。生命教育能够培养出具有社会责任感、同情心和奉献精神的新一代公民,他们将成为推动社会文明进步的中坚力量,为实现中华民族伟大复兴的中国梦注入源源不断的强大动力。

为了有效地开展生命教育,高校应充分发挥教育主阵地的作用,构建完善的生命教育课程体系。将生命教育纳入高校思想政治教育的整体框架之中,开设专门的生命教育课程,如"生命科学与生命哲学""生命伦理学""大学生心理健康与生命关怀"等,从不同的学科视角深入系统地讲解生命的本质、意义和价值,以及如何关爱生命、尊重生命、实现生命的成长与发展。同时,应将生命教育理念渗透到各个学科的教学过程中,无论是自然科学还是人文社会科学,都可以结合学科的特点,挖掘其中蕴含的生命教育元素,引导学生在学习专业知识的过程中,潜移默化地接受生命教育。例如,在生物学课程中,通过讲解生物的多样性和生命的演化过程,让学生深刻感受生命的神奇与伟大;在文学课程中,通过对文学作品中人物命运的剖析和对人性光辉的赞美,激发学生对生命意义的深入思考;在历史课程中,通过回顾人类历史上的重大事件和杰出人物的事迹,让学生明白生命在历史长河中的短暂与珍贵,以及个体生命对社会发展的深远影响。

除了课堂教学,高校还应积极拓展生命教育的第二课堂。组织丰富多彩的校园文化活动、主题班会、社团活动、社会实践等，为大学生提供更多亲身体验和感悟生命的机会。例如，举办生命教育主题演讲比赛、征文活动、话剧表演等，让学生通过自己的创作和表演，表达对生命的理解和感悟；开展心理健康教育活动月，举办心理健康讲座、心理咨询服务、心理拓展训练等，帮助学生提高心理素质，增强应对挫折和压力的能力；组织学生参观生命科学博物馆、科技馆、历史纪念馆等文化场馆，让学生在参观学习中拓宽视野，增长见识，深化对生命的认识。此外，高校应加强与家庭、社会的沟通与合作，形成生命教育的强大合力。家庭是大学生成长的第一课堂，家长应以身作则，注重培养孩子的生命意识和价值观，与高校保持密切联系，共同关注孩子的成长与发展。社会各界也应积极营造尊重生命、关爱生命的良好氛围，通过媒体宣传、公益广告、社区教育等多种形式，传播生命教育的理念和知识，为大学生的生命教育提供广泛的社会支持。

生命教育是大学生成长成才道路上的必修课，关乎大学生个体的生命质量与幸福指数，更关乎社会的和谐稳定与文明进步。通过深入开展生命教育，帮助大学生认识生命的宝贵与独特，理解生命的意义与价值，引导他们在追求个人梦想的同时，积极奉献社会，实现个人价值与社会价值的完美融合。希望每一位大学生都能在生命教育的滋养下，绽放绚丽多彩的生命之花,为自己的人生书写壮丽辉煌的篇章,也为社会的发展贡献自己的智慧和力量。

(二) 生命教育的重要性

生命教育可以培养大学生的尊重生命、珍惜生命的意识,提高他们的生存能力和生命质量,预防自杀等极端行为的发生。

生命教育是大学生成长的基石与心灵护盾。在高等教育的宏大体系中,生命教育的重要性正日益凸显,它犹如一盏明灯,照亮大学生前行的道路,为他们的身心健康、全面发展以及未来社会的和谐稳定奠定着坚实基础。

1. 尊重与珍惜生命意识的觉醒

生命教育首要的意义在于能够在大学生群体中有效培养尊重生命、珍惜生命的意识。在当今社会多元文化的冲击与快节奏生活的裹挟下,部分大学生可能会在迷茫中逐渐丧失对生命本真的敬畏。生命教育通过系统的引导与启发,让大学生们深刻认识到每个生命的诞生都是一个奇迹,从孕育到呱呱坠地,每一个环节都蕴含着生命的奥秘与坚韧。无论是人类还是世间万物,每一个生命体都有其独特的存在价值和意义,都值得被尊重与呵护。

例如,在生物学课程中深入讲解生命的演化进程、细胞的精妙结构以及生态系统中各生物间相互依存的关系，使大学生们直观地感受到生命的神奇与伟大。当他们了解到一只蝴蝶破茧成蝶的艰辛历程，或是一棵大树在岁月中历经风雨依然屹立不倒的顽强生命力时，内心深处会自然而然地涌起对生命的敬畏之情。这种敬畏会迁移到他们对待自身以及他人生命的态度上，让他们明白生命不是可以随意挥霍和轻视的对象。在日常生活中，尊重每一个个体的人格尊严、尊重不同的生命选择和生活方式，从而构建起一个充满人文关怀与和谐共处的校园环境乃至社会氛围。

同时，珍惜生命意识的培养能够让大学生更加珍视青春岁月中的每一次经历与机遇。大学时光是人生中最为宝贵的阶段之一，充满了无限的可能性与潜力。生命教育使他们意识到时间的不可逆性，每一个当下都是生命的馈赠。他们会更加珍惜学习知识的机会，努力提升自己的专业素养和综合能力，而不是虚度光阴在无意义的事情上。珍惜与家人、朋友、师长相处的时光，用心去经营和维护这些珍贵的人际关系，因为这些情感纽带也是生命中不可或缺的重要组成部分。当他们面临困难与挫折时，不再轻易产生放弃生命的念头，而是将其视为生命成长过程中的磨砺，从而以积极乐观的心态去应对，努力寻找解决问题的方法，更加坚强地走过人生的坎坷之路。

2. 生存能力与生命质量的提升

生命教育对于提高大学生的生存能力和生命质量有着不可替代的作用。在现代社会，生存能力不仅仅局限于基本的衣食住行等物质层面的保障，更涵盖了在复杂社会环境中应对各种挑战、把握机遇、实现自我价值的综合能力。

一方面，生命教育通过开展诸如急救知识培训、野外生存技能训练、安全防范教育等课程与实践活动，切实提高大学生的应急处置能力和自我保护意识。在面对突发疾病、自然灾害或意外事故时，他们能够运用所学的急救知识进行初步的救治与自救，为后续的救援争取宝贵的时间。例如，学习心肺复苏术、伤口包扎止血等急救技能，在关键时刻可能挽救他人或自己的生命。了解野外生存的基本技巧，如辨别方向、寻找水源、搭建临时住所等，在户外探险或遭遇特殊情况时能够保障自身的基本生存需求。同时，安全防范教育使他们对网络诈骗、人身侵害等社会安全隐患有清晰的认识，掌握有效的防范措施，避免陷入危险境地。

另一方面，生命教育注重培养大学生的心理健康素质、情感管理能力以及良好的生活习惯，从而全方位提升他们的生命质量。在大学阶段，学生们面临着学业压力、人际关系困惑、未来职业规划迷茫等多重压力源，如果缺乏有效的心理调适能力，很容易陷入焦虑、抑郁等不良情绪的泥沼，严重影响生命质量。生命教育通过心理健康课程、心理咨询服务、团体辅导等多种形式，引导大学生正确认识自己的情绪，掌握情绪调节的方法和技巧，如深呼吸放松法、积极的自我暗示、合理的情绪宣泄等。培养他们坚韧不拔的意志品质和乐观向上的人生态度，使他们在面对挫折时能够迅速恢复心理平衡，保持对生活的热情和信心。

生命教育还倡导健康的生活方式，包括合理的饮食结构、规律的作息时间、适度的体育锻炼等。这些良好的生活习惯有助于大学生保持身体健康，提高学习和工作效率，增强应对压力的生理基础。例如，鼓励学生参加各类体育社团活动，如篮球、足球、瑜伽、跑步等，在运动中不仅能够强身健体，还能释放压力、培养团队协作精神和竞争意识。通过生命教育，大学生们能够在身体和心理两个维度都保持良好的状态，以更加饱满的精神风貌和积极的生活态度去追求更高层次的生命质量，实现个人的全面发展。

3. 预防极端行为的发生

近年来，大学生自杀等极端行为时有发生，这不仅给学生家庭带来了巨大的悲痛，也对整个社会产生了强烈的冲击。生命教育在预防此类极端行为方面发挥着至关重要的屏障作用。

许多大学生在面对学业失败、情感挫折、就业压力等困境时，由于缺乏正确的生命观和有效的心理疏导，可能会陷入绝望的深渊，认为生命失去了意义，从而选择轻生。生命教育通过深入剖析生命的价值和意义，让大学生们明白生命的价值是多元且丰富的，不仅仅取决于一时的成败得失：学业上的挫折可以成为重新审视自己学习方法和努力方向的契机；情感上的失利是成长过程中对爱情、友情和亲情更深层次理解的磨砺；就业压力则是促使自己提升综合能力、拓展职业视野的动力源泉。当他们拥有了这样全面而深刻的生命价值观时，就能够以更加理性和豁达的心态看待生活中的困境，不会轻易因为一时的挫折而否定整个生命的意义。

同时，生命教育为大学生提供了一个安全、包容的倾诉和交流平台。在这个平台上，他们可以毫无顾忌地分享自己内心的痛苦、困惑和迷茫，专业的教师或心理咨询师能够及时给予他们心理支持、情感慰藉和实用的建议。例如，通过个体心理咨询，深入了解学生产生极端想法的根源，帮助他们梳理情绪、调整认知，重新找回对生活的希望和勇气；开展团体辅导活动，让有相似经历的学生们聚集在一起，在相互交流和鼓励中发现自己并不孤单，他人的故事和经验能够给予自己启发和力量，共同克服心理障碍，走出心理阴霾。

生命教育还注重培养大学生的社会责任感和归属感，让他们意识到自己的生命与家庭、社会紧密相连。他们的生命不仅仅属于自己，还承载着家人的关爱与期望，肩负着对社会的责任与使命。当他们在考虑放弃生命时，会更加慎重地权衡自己的行为对亲人和朋友造成的伤害以及对社会产生的负面影响。这种强烈的社会联系感会成为他们珍惜生命的重要内在动力，即使在最艰难的时刻，也会为了家人的幸福和社会的发展而努力坚持下去。

生命教育在大学生的成长历程中扮演着举足轻重的角色。它从意识层面唤醒大学生对生命的尊重与珍惜，在能力层面提升他们的生存技能和生命质量，在预防层面为他们构筑起一道坚固的心理防线，有效预防自杀等极端行为的发生。高校以及整个社会都应高度重视生命教育，不断完善生命教育体系，丰富生命教育内容与形式，让生命教育的阳光普照每一位大学生的心灵，使他们在尊重生命、热爱生命的基础上，绽放出绚丽多彩的青春之花，为实现个人理想和社会和谐发展贡献力量。

（三）价值观的形成与影响

价值观是个体对事物重要性的评价和选择标准，对大学生的行为和心理发展具有重要影响。大学生要树立正确的价值观，如积极向上、关爱他人、社会责任感等。

在当今复杂多变的社会环境中,大学生作为社会的未来栋梁,其价值观的形成与发展不仅关乎个人的成长与幸福,更对整个社会的进步与和谐具有深远意义。价值观作为个体对事物重要性的评价和选择标准,犹如灯塔,指引着大学生在人生的海洋中航行,深刻影响着他们的行为方式、心理状态以及社会交往等各个方面。

1. 大学生价值观形成的多元因素

(1) 家庭环境的熏陶

家庭是大学生价值观形成的第一课堂,父母的言传身教、家庭氛围的营造以及家庭教养方式等,都在潜移默化中塑造着大学生的价值观雏形。在一个充满爱与关怀、注重道德教育的家庭中成长的大学生,往往更容易形成积极向上、关爱他人的价值观。例如,父母以身作则、尊老爱幼、乐于助人,孩子在日常生活中会自然而然地模仿学习,将这些良好的品德内化为自己的价值观。相反,如果家庭环境中存在不良行为示范或缺乏情感沟通与教育引导,可能导致大学生价值观的偏离。如父母过度溺爱,可能使孩子形成自私自利、缺乏责任感的性格特点;而家庭关系紧张、充满矛盾冲突,则可能让孩子对人际关系产生恐惧或不信任,影响其价值观中关于和谐、友善等观念的形成。

(2) 学校教育的引导

学校作为专门的教育机构，在大学生价值观形成过程中承担着系统教育与引导的重要责任。从小学到中学再到大学，一系列的思想品德教育课程、思想政治理论课程等，为大学生提供了全面而深入的价值观教育素材。这些课程通过理论讲解、案例分析、课堂讨论等多种形式，帮助大学生理解社会主义核心价值观的内涵与意义，引导他们树立正确的世界观、人生观和价值观。学校的校园文化建设、教师的言传身教以及丰富多彩的校园活动也都对大学生价值观产生着深远影响。积极向上的校园文化，如倡导学术诚信、鼓励创新合作、弘扬志愿服务精神等，能够为大学生营造良好的价值导向氛围。教师作为学生的引路人，其自身的品德修养、治学态度以及对学生的关爱与尊重，都会成为大学生学习和模仿的榜样，对他们价值观的形成起到示范和引领作用。例如，一位敬业爱生、严谨治学的教师，能够激发学生对知识的尊重与追求，培养他们的责任感和敬业精神。

(3) 社会文化的浸染

现代社会是一个多元文化交融碰撞的大舞台，各种文化思潮和价值观念通过大众传媒、网络社交平台、影视作品、流行文化等多种渠道广泛传播，深刻影响着大学生的价值观形成。一方面，积极健康的社会文化能够为大学生提供丰富的精神营养，拓宽他们的视野，激发他们的社会责任感和创新意识。例如，一些弘扬爱国主义精神、倡导公益慈善、展现科技进步与文化创新的影视作品、新闻报道或文化活动，能够让大学生感受到社会的正能量，引导他们树立为国家富强、民族振兴而努力奋斗的价值观。另一方面，一些不良的社会文化现象如拜金主义、享乐主义、极端个人主义等在一定程度上侵蚀着大学生的思想。网络上充斥的虚假信息、低俗内容以及部分公众人物的不良示范，可能会使一些大学生陷入价值困惑与迷茫之中，对他们正确价值观的形成构成挑战。例如，某些网红通过炫耀奢华生活、传播不良价值观来吸引流量，可能会误导部分大学生对成功和幸福的认知，使其过度追求物质享受而忽视精神内涵的培养。

(4) 个人经历与自我反思

大学生在成长过程中的个人经历也是价值观形成的重要因素。学业上的成功与失败、人际交往中的愉快与挫折、社会实践中的体验与感悟等，都会促使他们对生活进行思考与总结，从而逐渐形成自己独特的价值观。例如，一次成功的志愿者服务经历，可能让大学生深刻体会到关爱他人、奉献社会的快乐与价值，进而增强他们的社会责任感和公益意识；而一次因考试作弊受到的处分，可能让他们认识到诚信的重要性，从而树立起诚实守信的价值观。此外，大学生随着年龄增长和知识水平的提高，自我意识逐渐增强，开始对自己的行为和思想进行反思与内省。他们通过阅读书籍、参加学术讨论、与他人交流思想等方式，不断审视自己的价值观，并根据自己的认知和理想对其进行调整与完善。这种自我反思与自我成长的过程，在大学生价值观形成后期发挥着越来越重要的作用。

2. 大学生价值观对行为和心理发展的积极影响

（1）行为导向作用

正确的价值观为大学生的行为提供了明确的方向和准则。当大学生树立了积极向上、关爱他人、具有社会责任感等价值观时，他们在日常生活中的行为会表现出较高的道德水准和社会担当。在学习方面，他们勤奋刻苦，追求知识的真理性和实用性，努力提升自己的专业素养，为将来服务社会奠定坚实基础。因为他们深知教育的价值不仅在于个人的职业发展，更在于能够为社会创造更多的知识财富和精神财富。在人际交往中，他们会尊重他人、理解他人、乐于助人，积极参与团队合作，善于倾听他人意见，努力营造和谐融洽的人际关系。例如，在小组作业或社团活动中，具有合作精神价值观的大学生会主动承担任务，与团队成员密切配合，共同实现目标，而不是只考虑个人利益。在社会生活中，他们会积极关注社会热点问题，主动参与社会实践和公益活动，为解决社会问题贡献自己的力量。如积极参与环保活动、关爱弱势群体志愿服务、为贫困地区捐赠物资等,这些行为都是他们社会责任感价值观的外在体现。

(2) 心理调适功能

正确的价值观有助于大学生保持良好的心理状态,增强心理调适能力和挫折应对能力。在面对学业压力、就业竞争、情感困扰等各种生活压力时,持有积极乐观价值观的大学生能够以正确的心态看待这些问题,将其视为成长过程中的挑战与机遇,而不是无法逾越的障碍。例如,当面临考试失利时,他们不会陷入过度的沮丧和自我否定,而是会反思自己的学习方法和不足之处,调整学习策略,重新树立信心,努力在下次考试中取得进步。这种积极的心理调适能力源于他们对学习价值的正确认知,即学习是一个不断积累和进步的过程,失败是成功之母。在情感方面,当遭遇恋爱挫折或友情破裂时,具有关爱他人、尊重他人价值观的大学生能够理解和包容对方,以平和的心态处理情感问题,避免因情感困扰而产生过度的焦虑、抑郁等不良情绪。正确的价值观还能为大学生提供内在的精神支撑和归属感,使他们在面对复杂多变的社会环境时,不会轻易迷失自我,始终保持内心的坚定与安宁。例如,具有强烈民族自豪感和爱国情怀价值观的大学生,在面对国际竞争或文化冲突时,能够坚守自己的文化自信和民族认同,以积极的心态维护国家尊严和民族利益，这种精神力量能够有效缓解他们在外部压力下可能产生的心理焦虑和不安。

（3）促进个人成长与社会融入

正确价值观的形成对大学生个人成长和社会融入具有重要的推动作用。在个人成长方面，积极向上的价值观激励大学生不断追求自我完善和自我超越。他们会积极参加各种培训、学习新的技能、拓展自己的知识面和视野，努力提升自己的综合素质。例如，为了适应社会发展对复合型人才的需求，大学生可能会在学好本专业知识的基础上，自学计算机编程、外语、市场营销等其他领域的知识和技能，以增强自己在未来就业市场上的竞争力。这种不断进取的精神源于他们对个人价值实现的追求，即通过自身的努力为社会创造更大的价值，同时实现个人的人生理想和目标。在社会融入方面，具有关爱他人、社会责任感等价值观的大学生更容易与社会建立良好的联系，获得社会的认可和接纳。他们在参与社会实践和公益活动过程中，不仅能够结识更多志同道合的朋友，拓展自己的社交圈，还能够深入了解社会需求和社会运行机制，增强自己的社会适应能力。例如，通过参加社区志愿服务活动，大学生可以与社区居民建立良好的互动关系，了解社区存在的问题和居民的需求，为今后从事社会工作或参与社区建设积累宝贵经验。同时，他们在社会活动中的积极表现也会赢得社会各界的赞誉和尊重，树立良好的社会形象，进一步促进他们在社会中的顺利融入和发展。

（四）引导大学生树立正确价值观的策略与思考

1. 加强家庭教育的基础作用

家庭在大学生价值观形成过程中具有不可替代的基础性作用，因此要重视家庭教育环境的优化和教育方式的改进。父母应不断提高自身素质，加强道德修养，以身作则，为孩子树立良好的榜样。在日常生活中，注重培养孩子的品德修养和良好行为习惯，通过家庭会议、亲子活动等方式，与孩子进行平等的沟通与交流，引导他们正确看待社会现象和人生问题。例如，在家庭聚餐时，可以与孩子讨论一些社会热点新闻，倾听他们的观点和看法，然后给予正确的引导和分析，帮助他们树立正确的价值判断标准。同时，营造民主和谐的家庭氛围，尊重孩子的个性发展和自主选择，培养他们的独立思考能力和责任感。避免过度溺爱或专制式的教养方式，让孩子在健康的家庭环境中茁壮成长，形成积极向上、关爱他人、富有责任感的价值观。

2. 强化学校教育的主阵地作用

学校应充分发挥其在大学生价值观教育中的主阵

地作用，进一步完善价值观教育课程体系和教学方法。在课程设置上，除了加强思想政治理论课程建设，还应将价值观教育融入各学科教学中，实现知识传授与价值引领的有机统一。例如，在文学课程中，可以通过对经典文学作品的解读，引导学生感受作品中所蕴含的人文精神、道德情感和价值追求；在科学课程中，可以介绍科学家们为追求真理、造福人类而不懈努力的事迹，培养学生的科学精神和创新意识。在教学方法上，采用多样化的教学手段，如案例教学、小组讨论、实践教学、角色扮演等，激发学生的学习兴趣和参与度，提高价值观教育的实效性。例如，在讲解社会主义核心价值观中的"诚信"时，可以引入一些企业因诚信经营而成功或因失信而破产的案例，组织学生进行小组讨论，分析诚信在市场经济中的重要性，让学生在讨论中深化对诚信价值观的理解。学校还应加强校园文化建设，开展丰富多彩的校园文化活动，如主题演讲比赛、志愿服务活动、社团文化节等，营造积极向上的校园文化氛围，使学生在潜移默化中接受正确价值观的熏陶。

3. 优化社会文化环境的外部支持

社会各界应共同努力，优化社会文化环境，为大学生树立正确价值观提供良好的外部支持。政府应加强对文化市场的监管，严厉打击各种不良文化现象，如低俗影视作品、网络谣言、虚假广告等，净化社会文化空气。同时，加大对优秀文化作品的创作和推广力度，通过政策扶持、资金投入等方式，鼓励文艺工作者创作更多弘扬社会主义核心价值观、具有思想性和艺术性的文化产品，如电影、电视剧、文学作品、音乐舞蹈等，为大学生提供丰富的精神食粮。媒体作为社会舆论的引导者，应自觉承担起社会责任，坚持正确的舆论导向，传播正能量。通过开设专题节目、报道先进典型事迹、开展公益广告宣传等方式，积极宣传社会主义核心价值观，引导大学生树立正确的价值取向。社会组织和企业也应积极参与大学生价值观教育活动，如企业可以通过设立奖学金、开展实习实训基地、举办职业规划讲座等方式，向大学生传递积极的职业价值观和企业文化理念；社会组织可以开展各类公益活动、社会实践项目等，为大学生提供接触社会、了解社会的机会，培养他们的社会责任感和奉献精神。

4. 促进大学生自我教育的内在动力

大学生应充分认识到价值观形成的重要性，积极发挥自我教育的内在动力作用。加强自我学习，广泛阅读哲学、历史、文学、社会学等各类书籍，提高人文素养和思想境界，深入理解不同价值观的内涵与利弊，从而做出正确的价值选择。培养自我反思和自我管理能力，定期对自己的行为和思想进行反思与总结，发现自己在价值观方面存在的问题和不足，并及时加以调整和改进。例如，每天可以抽出一定时间进行自我反思日记写作，记录自己当天的行为表现、思想动态以及对某些事情的价值判断，然后分析其中存在的问题，并制订相应的改进计划。同时，积极参与社会实践和人际交往活动，在实践中检验和完善自己的价值观。通过人际交往，了解他人的价值观和生活方式，拓宽视野，增强社会适应能力和价值判断能力。在社会实践中，如志愿者服务、社区调研、企业实习等，将自己所学的理论知识与实际相结合，深刻体会不同职业岗位所蕴含的价值追求和社会责任，从而进一步明确自己的人生目标和价值取向，努力塑造符合社会发展需求和个人成长需要的正确价值观。

  大学生价值观的形成是一个受多方面因素影响的复杂过程，而正确的价值观对大学生的行为和心理发展具有极为重要的积极影响。通过家庭、学校、社会以及大学生自身的共同努力，引导大学生树立积极向上、关爱他人、具有社会责任感等正确价值观，将有助于培养出一代又一代具有高尚品德、创新精神和社会担当的优秀人才，为实现中华民族伟大复兴的中国梦提供坚实的人才支撑和强大的精神动力。在这个过程中，我们应深刻认识到大学生价值观教育的重要性和紧迫性，不断探索和创新教育方法与途径，为大学生的健康成长和全面发展创造良好的条件与环境。

二、心理危机干预

(一) 心理危机的识别与预防

心理危机是指个体面临突发或重大生活事件时，无法用常规方法应对，从而出现心理失衡的状态。要学会识别心理危机的信号，如情绪极度低落、行为异常、言语表达消极等。预防心理危机可以通过加强心理健康教育、建立良好的社会支持系统等方式进行。

在当今社会，人们面临着日益复杂的生活环境和各种压力源，心理危机的发生概率逐渐增加。对于大学生群体而言，由于其正处于身心发展的关键时期，面临学业压力、社交困惑、未来职业规划等多重挑战，心理危机的识别与预防显得尤为重要。这不仅关乎大学生个体的身心健康和成长发展，也对整个校园乃至社会的稳定和谐具有深远影响。

(二) 心理危机的识别信号

1. 情绪层面的显著变化

情绪是心理状态的直观反映，当个体陷入心理危机时，情绪往往会出现极度低落、焦虑不安、抑郁消沉或情绪波动剧烈等异常表现。例如，原本开朗乐观的大学生突然长时间陷入深度的悲伤情绪中，对以往感兴趣的活动（如参加社团活动、与朋友聚会、进行体育锻炼等）失去热情，整天无精打采，面容愁苦，甚至经常无故哭泣。或者表现出过度焦虑，频繁地担忧未来的不确定性，如对即将到来的考试、毕业求职等充满恐惧，坐立不安，难以集中精力学习或完成日常任务。情绪的急剧变化还可能体现在易怒易躁方面，一点小事就可能引发强烈的情绪反应，与他人发生冲突或争吵的频率明显增加。这些情绪上的异常信号都可能是心理危机的前奏，需要引起高度关注。

2. 行为方面的异常表现

行为的改变也是心理危机的重要识别标志之一。处于心理危机中的个体可能会出现行为退缩，主动回避社交场合，与家人、朋友和同学的交流明显减少，逐渐将自己封闭起来。例如，原本活跃于各种社交圈的学生开始拒绝参加集体活动，独来独往，甚至经常无故旷课、逃课，对学业和个人发展表现出漠不关心的态度。在生活作息上也可能出现紊乱，如长期失眠或嗜睡，饮食习惯发生巨大变化，要么暴饮暴食，要么食欲不振，导致体重明显波动。还可能出现一些自伤或危险行为，如频繁地搔抓自己的皮肤、割腕、过量饮酒或滥用药物等,这些行为都是极其危险的信号,表明个体可能正处于严重的心理危机之中,急需专业的干预和帮助。

3. 言语表达的消极倾向

言语是思想和情感的外在载体,处于心理危机状态的大学生在言语表达上往往会透露出消极的倾向。他们可能会频繁地表达对生活的绝望感,如说出"活着真没意思""我觉得自己什么都做不好,不如死了算了"之类的话语,对未来失去信心和希望,认为自己没有前途,看不到任何改变现状的可能性。在与他人交流时,言语中充满了自我否定和自责,过度贬低自己的能力和价值,将所有的过错都归咎于自己,甚至可能会出现一些关于死亡或自杀方式的讨论。这些言语上的蛛丝马迹都不应被忽视,一旦发现,应立即采取措施进行干预和疏导。

(三) 心理危机的预防策略

1. 强化心理健康教育体系

高校应构建完善的心理健康教育课程体系,将心理健康教育纳入大学教育的必修课程范畴,从大一新生入学开始,系统地开展心理健康知识普及教育。课程内容应涵盖心理健康的基本概念、常见心理问题的识别与应对方法、情绪管理技巧、压力调适策略、人际交往心理等多个方面。通过课堂讲授、案例分析、小组讨论、角色扮演等多样化的教学形式，提高大学生对心理健康的重视程度和自我认知水平，帮助他们掌握基本的心理调适技能，增强应对心理危机的能力。例如，在讲解情绪管理课程时，可以引导学生学会运用深呼吸放松法、合理情绪宣泄法、积极的自我暗示等方法来调节自己的情绪，当遇到焦虑或愤怒情绪时，能够及时有效地进行自我缓解。

除了课堂教学，高校还应积极开展丰富多彩的心理健康教育活动。如举办心理健康知识讲座、心理健康宣传周或宣传月活动，邀请知名心理学专家、学者来校进行专题讲座，内容可以涉及大学生常见心理问题的解析、心理健康与职业发展的关系、恋爱心理与人际关系处理等热点话题，吸引广大学生积极参与，拓宽他们的心理健康知识视野。开展心理健康主题班会，由辅导员或心理委员组织班级同学围绕特定的心理健康主题进行深入讨论和交流，分享彼此的经历和感受，增进同学之间的理解与支持，营造良好的班级心理健康氛围。组织心理健康社团活动，如心理剧表演、心理健康征文比赛、心理拓展训练等，让学生在参与活动的过程中，亲身体验和感悟心理健康的重要性，提高自身的心理素质和心理调适能力。

2. 建立健全社会支持系统

家庭在大学生心理危机预防中起着至关重要的作用。家长应加强与孩子的沟通与交流，建立良好的亲子关系。在日常生活中，关心孩子的学习、生活和情感状况，尊重孩子的个性发展和自主选择，给予他们足够的情感支持和鼓励。当孩子遇到困难或挫折时，家长要耐心倾听他们的心声，与他们一起分析问题，寻找解决问题的方法，而不是一味地批评指责。例如，当孩子在学习上遇到困难或考试失利时，家长可以鼓励孩子从失败中吸取经验教训，帮助他们制订合理的学习计划，提供必要的学习资源和支持，让孩子感受到家庭的温暖和后盾力量。

学校内部应建立完善的心理健康支持网络。首先，要加强心理咨询服务机构的建设，配备专业的心理咨询师，为学生提供及时、有效的心理咨询服务。心理咨询室应具备良好的环境和设施，营造温馨、保密、安全的咨询氛围，让学生能够放心地倾诉自己的内心困扰。心理咨询师应具备扎实的专业知识和丰富的实践经验，能够运用多种咨询方法和技术，如认知行为疗法、精神分析疗法、人本主义疗法等，根据学生的具体情况进行个性化的咨询服务，帮助学生解决心理问题，化解心理危机。其次，要建立心理危机预警机制，通过辅导员、班主任、任课教师、心理委员等多方收集学生的心理信息，及时发现潜在的心理危机学生，并建立心理危机学生档案，对其进行跟踪关注和干预。例如，心理委员作为班级心理健康的守护者，应密切关注班级同学的情绪和行为变化，发现异常情况及时向辅导员或心理咨询师报告，以便及时采取措施进行干预。

此外，应加强朋辈支持力量的建设。鼓励学生之间建立良好的友谊关系，相互关心、相互支持、相互帮助。可以开展朋辈心理咨询培训，培养一批具有一定心理咨询知识和技能的学生骨干，他们能够在日常生活中运用所学知识为身边的同学提供简单的心理支持和帮助，如倾听同学的烦恼、给予安慰和鼓励、提供一些解决问题的建议等。这种朋辈支持具有及时性、便利性和亲和力强等特点，能够在一定程度上缓解学生的心理压力，预防心理危机的发生。

3. 培养积极的应对方式和生活态度

引导大学生培养积极的应对方式是预防心理危机的关键环节之一。在面对生活中的各种压力和挑战时，鼓励学生采用积极的问题解决策略，而不是逃避或消极应对。例如，当遇到学业困难时，教导学生主动与任课教师沟通，寻求学习方法上的指导和建议；积极参加学习小组或课外辅导班，与同学共同学习、相互促进，努力提高学习成绩。在人际关系方面，当与同学发生矛盾或冲突时，引导学生学会换位思考，理解他人的立场和感受，通过沟通协商的方式解决问题，而不是采取冷战或攻击性行为。同时，培养学生的挫折承受能力，让他们明白挫折是人生成长过程中不可避免的一部分，关键是如何从挫折中学习和成长。可以通过开展挫折教育活动，如组织学生参加野外生存训练、模拟职场面试挫折场景等，让学生在实践中体验挫折，锻炼自己的意志品质和应对挫折的能力。

倡导大学生树立健康的生活方式和积极的生活态度。鼓励学生保持规律的作息时间，合理安排学习、娱乐和休息时间，保证充足的睡眠和适当的体育锻炼。良好的生活习惯有助于维持身体的生理平衡，提高心理调适能力。例如，每天坚持适量的运动，如跑步、瑜伽、打球等，能够促进大脑分泌内啡肽等神经递质，改善情绪状态，缓解压力。同时，培养学生的兴趣爱好，丰富他们的课余生活，让他们在兴趣活动中找到乐趣和成就感，提升自我价值感。如鼓励学生参加绘画、音乐、书法、摄影等艺术活动，或者参与科技创新、志愿者服务等社会实践活动，使他们的生活更加充实和有意义，减少心理危机发生的可能性。

心理危机的识别与预防是一项系统工程，需要学校、家庭、社会以及大学生自身的共同努力。通过准确识别心理危机的信号，及时采取有效的预防措施，构建全方位的心理危机防护网络，能够最大程度地保障大学生的心理健康，帮助他们顺利度过大学时光，走向健康、幸福的人生道路。在这个过程中，每一个环节都至关重要，任何一方都不能缺位。只有形成强大的合力，才能为大学生的心灵撑起一片晴朗的天空，让他们在面对生活的风风雨雨时，都能拥有坚强的心理防线和积极乐观的应对姿态。

（四）心理危机干预的基本方法

心理危机干预的基本方法包括心理支持（给予关心和安慰）、情绪疏导（帮助释放情绪）、认知调整（改变不合理的认知）、行为干预（引导采取积极的行为）等。在危机干预过程中，要及时寻求专业心理帮助。

在现代社会的快节奏与高压力环境下，心理危机事件逐渐增多，对个体的身心健康以及社会的稳定和谐构成了严重威胁。心理危机干预作为应对这一严峻挑战的关键手段，涵盖了一系列科学且系统的基本方法，旨在帮助处于心理危机中的个体尽快恢复心理平衡，重新找回生活的信心与希望。

1. 心理支持：用关怀筑牢心灵防线

心理支持是心理危机干预的重要基石，其核心在于给予处于困境中的个体以充分的关心与安慰，让他们真切感受到自己并非孤立无援，从而在情感层面获得有力的支撑。

在实际操作中，干预者首先要营造一个安全、温暖且信任的沟通环境。这意味着以真诚的态度、专注的神情和耐心的倾听，全身心地投入与危机个体的交流互动中。例如，当面对一位因失恋而陷入极度痛苦与绝望的大学生时，干预者可以坐在其身旁，保持适当的眼神交流，用温和而关切的语气说道："我知道你现在一定非常难受，失恋的痛苦就像一场暴风雨，让人有些难以承受。但你要相信，我会一直在这里陪着你，你可以把内心的痛苦都倾诉出来。"通过这样的方式，让危机个体感受到被理解与接纳，从而愿意打开心扉，分享自己的情感经历与内心挣扎。

除了言语上的表达，非言语的肢体动作同样具有强大的安抚力量。一个轻轻的拍肩、一次温暖的握手或者一个关切的拥抱（在适当且符合文化背景与个体关系的前提下），都能在无声中传递出支持与关怀的信息，让危机个体在身体接触中获得实实在在的安全感与慰藉。比如，对于一位因遭受重大自然灾害而失去家园的幸存者，在其哭诉的过程中，适时地握住他的手，能够给予他一种稳定的力量，使其情绪逐渐平复。

心理支持还体现在对危机个体生活实际需求的关注与协助上。这可能包括帮助他们解决基本的生活问题，如提供临时的住所、食物、衣物等物资援助，确保他们的生活能够正常运转。例如，在帮助一位因家庭变故而陷入经济困境和心理危机的大学生时，干预者可以联系相关的社会救助机构或慈善组织，为其争取一些生活补贴或生活用品，让他不必为生活的基本需求而担忧，从而能够将更多的精力集中在心理调适上。

2. 情绪疏导：释放心灵的沉重负担

情绪疏导在心理危机干预中扮演着关键角色，其目的在于帮助危机个体有效地释放内心积压的强烈情绪，防止这些情绪进一步恶化并对身心健康造成更大的伤害。

一种常见且有效的情绪疏导方法是引导危机个体进行情感的倾诉与宣泄。干预者鼓励他们详细地讲述自己所经历的创伤事件、内心的痛苦感受以及由此产生的各种想法和担忧。在这个过程中，干预者要给予积极的回应，通过点头、简短的言语反馈（如"嗯，我明白""这确实很不容易"）等方式，让倾诉者感受到自己的表达被认真倾听和理解。例如，对于一位经历了严重交通事故的伤者，在身体逐渐康复但心理仍处于恐惧和焦虑状态时，干预者可以引导他回忆事故发生时的场景、自己在事故中的感受以及后续治疗过程中的种种经历，让他将内心的恐惧、愤怒、无助等情绪尽情地释放出来。

艺术表达也是一种极具创意和疗效的情绪疏导途

径。绘画、音乐、写作等艺术形式能够为危机个体提供一种非言语的情感表达方式，让他们在创作过程中深入探索自己的内心世界，将难以用言语描述的情绪和体验转化为具体的艺术作品，从而获得情感的释放与心灵的慰藉。比如，对于一个因长期遭受校园霸凌而陷入抑郁情绪的学生，可以给他提供绘画工具，让他通过绘画来表达自己内心的痛苦、愤怒和对美好生活的渴望。他可能会用灰暗的色调描绘出自己被霸凌时的场景，用鲜艳的色彩勾勒出自己心中理想的校园生活，在这个创作过程中，情绪得到了一定程度的宣泄与缓解。

运动宣泄同样不容忽视。适当的体育活动能够促使身体分泌内啡肽等神经递质，这些化学物质具有改善情绪、减轻压力和焦虑的作用。干预者可以根据危机个体的身体状况和兴趣爱好，推荐适合的运动方式，如跑步、瑜伽、游泳、打球等。例如，对于一位因学习压力过大而产生心理危机的大学生，建议他每天进行 30 分钟以上的慢跑运动。在跑步过程中，他的身心会逐渐放松，同时注意力集中在运动本身，暂时忘却学习中的烦恼和压力，情绪也会随之逐渐变得轻松和愉悦。

3. 认知调整：重塑心灵的认知框架

认知调整在心理危机干预中致力于帮助危机个体

识别并改变那些不合理的认知模式和思维习惯,从而以更加客观、理性和积极的视角看待自己、周围世界以及所经历的危机事件。

首先,干预者需要引导危机个体对自己的认知进行深入反思。许多处于心理危机中的人往往存在过度自责、自我否定等不合理的自我认知。例如,一位因创业失败而陷入心理危机的创业者可能会认为自己是一个彻头彻尾的失败者,觉得自己一无是处,这辈子都不可能再取得成功。干预者可以通过提问、引导分析等方式,帮助他重新审视自己的创业经历,认识到创业失败是多种因素共同作用的结果,并不代表个人的全部价值和能力。如询问他在创业过程中所积累的经验、所展现出的勇气和创新精神,以及从失败中学到的宝贵教训,让他明白一次的失败只是人生道路上的一个挫折,而不是终点,通过这样的认知调整,逐渐恢复对自己的信心。

对于那些因特定事件而产生过度恐惧或焦虑的危机个体,认知重构技术能够帮助他们改变对事件的认知评价。比如,对于一位因经历了一次电梯故障而从此不敢乘坐电梯的人,干预者可以引导他了解电梯的安全运行机制、故障发生的概率以及现代电梯所具备的多重安全保护措施等知识,让他认识到乘坐电梯虽然存在一定的风险,但这种风险是极小的,而且是可以通过多种方式进行有效控制的。通过这样的认知重构，减轻他对乘坐电梯的恐惧心理，使其能够逐渐恢复正常的生活行为。

在认知调整过程中，培养危机个体的积极思维方式也是重要内容。这包括引导他们学会关注生活中的积极方面，用乐观的心态看待问题，以及培养解决问题的思维能力。例如，对于一位因家庭关系问题而产生心理危机的大学生，干预者可以引导他回忆家庭中曾经的温馨时刻、家人对他的关爱与支持，同时鼓励他思考如何通过有效的沟通和行动来改善当前的家庭关系，而不是一味地沉浸在消极的情绪和对家庭问题的抱怨中。通过这样的方式，帮助他树立积极的家庭观和解决家庭问题的信心，从而逐步走出心理危机的阴影。

4. 行为干预：引导心灵走向积极行动

行为干预旨在通过引导危机个体采取积极的行为策略，打破因心理危机而陷入的消极行为循环，逐步恢复正常的生活节奏和社会功能。

制订规律的生活作息计划是行为干预的重要基础。对于许多处于心理危机中的人来说，他们的生活往往变得混乱无序，如日夜颠倒、饮食不规律、忽视个人卫生等。干预者可以与危机个体共同制订一份详细的生活作息时间表，包括固定的起床、睡觉、用餐、运动、学习或工作等时间安排，并鼓励他们严格按照计划执行。例如，对于一位因失恋而陷入消沉、整天躺在床上无所事事的大学生，干预者可以帮助他制订一份每天的作息计划，7点起床进行晨跑锻炼，然后吃早餐，学习专业课程，课余时间参加社团活动或与朋友聚会交流或进行某项文体活动，23点按时睡觉。通过这样有规律的时间安排，让他的身体和心理逐渐恢复到正常的状态，重新找回生活的节奏感和掌控感。

设定可实现的目标并逐步推进也是行为干预的关键环节。危机个体在心理危机状态下往往缺乏对未来的信心和目标感，觉得自己无法完成任何事情。干预者可以根据他们的实际情况，帮助他们设定一些小的、易于实现的目标，然后逐步增加目标的难度和挑战性。比如，对于一位因失业而长期处于焦虑和迷茫中的人，首先可以设定一个目标是在一周内修改完善自己的简历，然后在接下来的一周内投递一定数量的求职简历，再逐步设定目标如参加面试培训、获得面试机会、成功入职等。每实现一个小目标，都能让危机个体获得一种成就感和自信心，从而激励他们继续朝着更大的目标前进，逐步走出心理危机的困境。

社交技能训练与社交活动的参与对于恢复危机个体的社会功能具有重要意义。许多心理危机事件会导致个体社交退缩，不愿意与他人交往互动。干预者可以通过角色扮演、模拟社交场景等方式，帮助他们提升社交技能，如沟通技巧、倾听能力、表达能力、非言语交流技巧等。同时，鼓励他们积极参与各种社交活动，如参加朋友聚会、志愿者服务、兴趣小组活动等，扩大自己的社交圈，重新建立与他人的联系和社会支持网络。例如，对于一位因遭受网络暴力而产生社交恐惧的人，干预者可以先在安全的环境下与他进行角色扮演练习，模拟一些社交场景中的对话和互动，然后逐渐引导他参加一些小型的社交活动，如与几个熟悉的朋友一起聚餐，在这个过程中给予他支持和鼓励，帮助他逐渐克服社交恐惧，恢复正常的社交生活。

在整个心理危机干预过程中，及时寻求专业心理帮助是确保干预效果和危机个体安全的重要保障。专业的心理咨询师或心理治疗师具有丰富的理论知识和实践经验，能够运用更加专业和系统的方法对心理危机进行评估、诊断和干预。当发现危机个体的情况较为严重或干预效果不明显时，应立即转介给专业心理机构或心理专家，以便为危机个体提供更深入、更有效的治疗和支持。

心理危机干预的基本方法——心理支持、情绪疏导、认知调整和行为干预，它们相互关联、相互补充，共同构成了一个有机的整体。在实际的心理危机干预工作中，干预者需要根据危机个体的具体情况和特点，灵活运用这些方法，制订个性化的干预方案，为处于心理危机中的大学生点亮希望之光，引领他们走出心灵的黑暗，重新踏上健康、幸福的人生旅程。

(五) 自杀预防与生命关怀

自杀是心理危机的极端表现。要加强自杀预防教育，提高大学生对自杀的认识和警惕性。对于有自杀倾向的大学生，要给予及时的生命关怀和干预，帮助他们渡过危机，重新树立生活的信心。

在大学生心理健康领域，自杀作为心理危机的极端表现，是一个亟待高度重视与妥善应对的严峻问题。加强自杀预防教育，切实提高大学生对自杀的认知与警惕性，以及为有自杀倾向的大学生提供及时且有效的生命关怀与干预，对于守护大学生的生命安全、促进其心理健康成长、维护校园的和谐稳定具有极为关键的意义。

1. 自杀预防教育的多维度开展

(1) 课程教育中的融入

将自杀预防知识系统地融入大学生心理健康教育课程体系是基础环节。通过课堂讲授，深入剖析自杀行为的成因、表现形式以及可能产生的严重后果。例如，讲解抑郁症、焦虑症等精神疾病与自杀风险之间的紧密关联，让学生明白心理疾病并非不可战胜，及时治疗和干预能够有效降低自杀风险。结合实际案例进行分析，展示不同背景下自杀事件的发生发展过程，引导学生去思考如何识别身边同学可能存在的自杀倾向信号,如持续的情绪低落、突然的行为改变、言语中的消极暗示等。同时,在课程中设置互动讨论环节,鼓励学生分享自己对于自杀问题的看法和感受,促进他们对自杀预防的深入理解与自我反思,培养其敏锐的观察力和积极的干预意识。

(2) 校园宣传活动的强化

丰富多彩的校园宣传活动能够极大地拓宽自杀预防教育的覆盖面与影响力。举办专题讲座,邀请知名心理学专家、精神科医生等来校,以专业的视角和通俗易懂的语言,向广大学生普及自杀预防的专业知识与实用技能。开展主题班会,由辅导员或心理委员组织班级同学围绕自杀预防主题进行深入探讨,分享身边的故事或案例,增进同学之间的相互理解与支持,营造班级内关注自杀预防的良好氛围。利用校园广播、宣传栏、海报等多种宣传媒介,定期传播自杀预防的相关信息,如心理健康小贴士、求助热线介绍、成功干预案例分享等,使自杀预防知识在校园内随处可见、深入人心,让学生在潜移默化中提高对自杀的警惕性,形成正确的生命观和价值观。

(3) 网络平台的有效利用

在当今数字化时代,网络平台成为自杀预防教育不可或缺的重要阵地。学校心理健康教育部门可以建立专门的心理健康网站或微信公众号,设置自杀预防专栏，定期推送高质量的文章、视频等内容。例如，制作生动形象的动画视频，讲解自杀倾向的早期识别方法和应对策略；发布专家访谈音频，解答学生关于自杀预防的常见疑问。开设在线论坛或心理咨询服务，让学生能够匿名地与专业心理咨询师或其他同学交流探讨自杀相关话题，及时获得专业指导和情感支持。通过网络平台的互动性和便捷性，打破时间与空间的限制，使自杀预防教育能够深入每一位学生的学习和生活中，形成全方位、无死角的教育网络。

2. 对有自杀倾向学生的关怀与干预策略

（1）危机信号的敏锐识别

对于有自杀倾向的学生，首先要能够敏锐地捕捉到他们所发出的危机信号。这不仅需要学校的教师、辅导员、宿舍管理员等工作人员具备一定的心理健康知识和危机识别能力，还需要广大同学之间建立良好的互助关系，相互关心、相互留意。如发现同学近期频繁出现情绪极度低落、对以往感兴趣的事物失去热情、无故旷课或迟到、社交退缩、突然整理个人物品或安排后事等异常行为，或者在言语中流露出绝望、无助、轻生等念头时，应立即引起高度警觉，将其视为可能存在自杀倾向的重要信号，并及时上报学校相关部门。

（2）及时且专业的干预行动

一旦识别出有自杀倾向的学生，学校应迅速启动危机干预机制，组织专业的心理咨询师、心理治疗师或精神科医生对其进行全面评估和专业干预。在干预过程中，遵循以人为本、尊重生命的原则，以温暖、理解和接纳的态度与学生进行深入沟通。心理咨询师要运用专业的心理治疗技术，如认知行为疗法、人本主义疗法等，帮助学生识别和改变不合理的认知模式，如过度自责、对未来的绝望感等，引导他们重新审视自己的生活和价值，激发其内在的生存动力。同时，根据学生的具体情况，必要时联系家长，共同商讨制订个性化的干预方案，确保学生在家庭和学校的双重关爱与支持下，逐步走出心理危机的困境。

（3）后续跟踪与支持体系的构建

对有自杀倾向的学生进行干预并非一蹴而就，而是一个长期的过程，需要构建完善的后续跟踪与支持体系。学校心理健康教育部门要建立专门的档案，记录学生的干预过程和恢复情况，定期对其进行回访和跟踪评估。安排专人与学生保持密切联系，了解他们在学习、生活和心理方面的动态变化，及时给予关心和支持。例如，在学生返校后，辅导员可以定期与学生谈心，了解其学习状态和人际关系情况，帮助解决遇到的实际困难；心理咨询师可以为学生提供定期的心理辅导，巩固干预效果，预防自杀倾向的再次出现。

此外，动员班级同学、学生会组织、社团等各方力量，为学生营造一个包容、关爱的校园环境，鼓励他们积极参与校园活动，重新融入校园生活，重建对生活的信心和希望。

自杀预防和生命关怀是一项系统而艰巨的任务，需要学校、家庭、社会以及大学生自身的共同努力。通过多维度开展自杀预防教育，提高全体大学生对自杀的认识和警惕性，形成良好的校园自杀预防文化氛围；同时，对有自杀倾向的学生给予及时、专业且持续的生命关怀与干预，为他们点亮生命的希望之光，帮助他们重新找回生活的勇气和信心。只有这样，才能有效地减少大学生自杀事件的发生，守护每一位大学生的生命安全和心理健康，构建和谐、稳定、充满生机与活力的校园环境，为社会培养出更多身心健康、积极向上的优秀人才。

第七章

综合应用与案例分析

一、综合应用

将前面各章节所学的心理健康知识综合应用到实际生活中,如在面对学业压力、人际关系问题、情感困扰等时,能够运用合适的方法和策略进行应对和调节。

在大学这座充满机遇与挑战的象牙塔中,大学生在追求知识、自我成长的过程中,不可避免地会遭遇学业压力、人际关系困扰以及情感方面的波澜。这些因素相互交织,深刻地影响着大学生的心理健康与生活质量。因此,掌握有效的应对方法和调节策略,对于大学生顺利度过大学生活、实现身心健康发展具有极为关键的意义。

(一) 学业压力的应对与调节

1. 学业压力的来源剖析

大学生学业压力的产生,源于多方面因素的综合作用。课程体系的复杂性与深度是首要压力源。随着专业学习的深入,课程内容逐渐呈现出高度的专业性和抽象性,如高等数学中复杂的微积分运算、物理学中的量子力学理论、文学专业中对经典作品深邃内涵的解读等，都要求学生具备较强的逻辑思维能力、抽象思维能力和深厚的知识储备，这无疑给学生带来了巨大的学习挑战。

考试与考核机制的严格性也是重要因素。在大学中，考试成绩往往与奖学金评定、保研资格、毕业要求等紧密挂钩。例如，一些高校的奖学金评定中，学业成绩占据了主导地位，这使得学生们为了获取优异成绩而在考试期间承受着巨大的心理压力。而且，考试形式多样，除了传统的笔试，还有课程论文、实验操作、小组项目汇报等，每一种考核方式都需要学生投入大量的时间和精力进行准备。

学业竞争氛围的浓厚也加剧了压力。在班级或专业内部，同学们之间在学业成绩、科研成果、实践能力等方面存在着较为激烈的竞争。看到身边同学在学业上取得的优异成绩或获得的科研项目机会，部分学生会不自觉地进行自我比较，当发现自己与他人存在差距时，容易产生焦虑和自我怀疑情绪，从而进一步加重学业压力。

2. 应对学业压力的策略与方法

（1）精准规划与目标设定

制订详细、合理的学习计划是应对学业压力的首要步骤。学生应根据课程大纲和教学安排，将每学期的学习任务分解为月度、周度乃至每日的具体学习目标。例如，在学习一门专业课程时，可以按照章节内容制订每周的学习进度表，明确规定每周需要完成的知识点学习、课后习题练习以及相关阅读任务。同时，在设定目标时，应遵循"SMART"原则，即目标要明确（Specific）、可衡量（Measurable）、可实现（Attainable）、相关（Relevant）、有时限（Time-bound）。这样不仅能够使学习过程有条不紊地进行，还能让学生在逐步实现目标的过程中获得成就感，增强自信心，有效缓解学业压力。

（2）多元学习方法探索与应用

大学学习需要学生摆脱单一的学习模式，积极探索多元化的学习方法以适应不同课程的需求。对于理论性较强的课程，如哲学、经济学等，可以采用思维导图法，将知识点以层级结构的形式进行梳理，构建完整的知识框架，便于理解和记忆。在学习语言类课程时，听说读写译的综合训练不可或缺，通过与外教交流、观看原声电影、阅读外文文献、进行翻译练习等方式，全面提升语言技能。而对于实践性课程，如实验科学、工程设计等，则要注重亲自动手操作，在实践中加深对理论知识的理解和掌握。小组合作学习也是一种非常有效的学习方法，在小组项目中，学生们可以相互交流、相互启发，共同攻克难题，同时能锻炼团队协作能力和沟通能力。

(3) 资源整合与拓展

充分利用学校和社会提供的丰富学习资源是减轻学业压力的重要途径。学校图书馆拥有海量的藏书、学术期刊、电子数据库等资源，学生应学会熟练运用图书馆的检索系统，查找与课程学习和研究相关的资料，拓宽知识视野。同时，积极参加学校举办的各类学术讲座、研讨会、工作坊等活动，这些活动不仅能够让学生了解到学科前沿动态，还能提供与专家学者交流互动的机会，有助于加深对专业知识的理解。此外，网络学习平台如 Coursera、EdX、中国大学 MOOC 等也为学生提供了丰富的在线课程资源，学生可以根据自己的需求和兴趣选修相关课程，进行自主学习和拓展学习。

(二) 人际关系的处理与调适

1. 人际关系困扰的表现形式

大学生在人际关系方面常常面临诸多困扰。宿舍关系问题尤为突出，由于宿舍成员来自不同的地域、家庭背景和成长环境，在生活习惯、价值观、兴趣爱好等方面存在较大差异，容易引发矛盾和冲突。例如，有的学生习惯早睡早起，而有的学生则是夜猫子，作息时间的不一致可能会导致相互之间的不满和抱怨；在公共物品的使用上，也可能因分配不均或使用不当而产生争执。

社交焦虑是另一种常见的困扰。在大学这个多元化的社交环境中，一些学生在面对陌生人或参加社交活动时会感到极度紧张和不安。他们担心自己的言行举止会被他人评价或嘲笑，害怕在社交场合中出丑，因此往往选择逃避社交，这不仅影响了他们的人际关系拓展，还可能导致自我封闭和孤独感的加剧。

人际沟通障碍也是大学生人际关系中的一大难题。部分学生缺乏有效的沟通技巧，在表达自己的想法和观点时不够清晰、准确，容易引起他人的误解；或者在倾听他人讲话时不够专注、耐心，不能给予及时的回应和反馈，从而影响了良好人际关系的建立。

2. 构建和谐人际关系的策略与技巧

（1）沟通能力提升

良好的沟通是构建和谐人际关系的基石。在与他人交流时，首先要学会倾听，专注于对方的讲话内容，用眼神交流、点头、适当的回应（如"嗯""是的""然后呢"）等方式表示自己在认真倾听，让对方感受到被尊重。在表达自己的观点时，要注意语言的组织和表达，尽量做到清晰、简洁、准确，避免使用模糊、歧义或过于情绪化的语言。同时，要尊重他人的意见和感受，即使不同意对方的观点，也不要急于反驳，而是先表示理解，再以平和的方式阐述自己的看法，寻求共识或妥协。例如,在宿舍讨论卫生值日安排时,如果有不同意见,可以说:"我理解你提出的方案有一定的合理性,不过我也考虑到了一些其他因素,比如大家的课程安排,我们是不是可以综合一下,制订一个更合理的计划呢?"

(2) 社交技能培养

积极主动地参与各种社交活动是提升社交技能的关键。学生可以从加入自己感兴趣的社团组织开始,在社团活动中结识志同道合的朋友,共同参与社团项目和活动,锻炼团队协作能力、组织能力和领导能力。参加班级集体活动也是增进同学之间感情的重要方式,如班级聚餐、户外拓展、主题班会等,通过这些活动,能够更好地了解班级同学,建立良好的同学关系。此外,可以利用学校提供的社交平台,如学生会、志愿者协会等,拓展自己的社交圈,结交不同专业、不同年级的朋友。在社交过程中,要学会主动与他人打招呼、介绍自己,勇敢地迈出社交的第一步,逐渐克服社交焦虑。

(3) 包容、理解与尊重

在处理人际关系时,包容、理解和尊重他人是至关重要的品质。面对宿舍成员或同学之间的差异和矛盾,要尝试站在对方的角度去看待问题,理解他们的行为和想法背后的原因。例如,如果室友因为考试失利而情绪低落,对周围的人态度不好,应该理解他的心情，给予关心和安慰，而不是与之计较。尊重他人的个性、生活习惯、价值观和信仰，不将自己的标准强加于人，以平和、宽容的心态对待他人的不足和错误，通过良好的沟通和协商解决问题，共同营造和谐、融洽的人际关系氛围。

（三）情感困扰的应对与化解

1. 情感困扰的主要类型

大学生的情感生活丰富多样，也伴随着各种困扰。恋爱关系是情感困扰的高发区，在恋爱过程中，情侣之间可能会因性格差异、价值观分歧、沟通不畅等原因产生矛盾和冲突。例如，一方可能比较注重个人空间和独立性，而另一方渴望更多的陪伴和亲密感，这种差异如果得不到妥善处理，就容易引发争吵和冷战，甚至导致恋爱关系的破裂。

单恋也是一种常见的情感困扰。当一个人默默地喜欢另一个人，对方却没有相同的感情回应时，往往会陷入痛苦、纠结和自卑的情绪之中。这种情感上的不平衡和失落感会对大学生的心理健康产生较大的负面影响，影响他们的学习和生活状态。

家庭情感关系也会给大学生带来困扰。一些家庭可能对孩子的学业、职业规划有着过高的期望，当孩子的想法和选择与家庭期望不符时，就会产生家庭矛盾和情感冲突。例如，家长希望孩子考研深造或选择一份稳定的工作，而孩子对创业或艺术领域有着浓厚的兴趣，这种分歧可能会导致亲子关系紧张，给大学生带来心理压力。

2. 情感困扰的调节方法与途径

（1）恋爱关系中的沟通与磨合

在恋爱关系中，当出现问题和矛盾时，及时、有效的沟通是解决问题的关键。情侣双方应该坦诚地交流彼此的感受、需求和期望，避免猜测和误解。例如，如果对对方的某种行为感到不满，不要憋在心里，而是选择一个合适的时间和地点，以平和的语气表达自己的想法。同时，学会倾听对方的心声，理解对方的处境和压力，共同寻找解决问题的方法。在相处过程中，尊重彼此的个性和差异，通过相互包容、相互妥协来磨合感情，使恋爱关系更加稳定、健康。

（2）单恋困境中的自我认知与情感转移

对于单恋者来说，首先要正确认识自己的情感状态，明白感情是不能强求的，接受对方不喜欢自己的现实。不要过度沉溺于单恋的痛苦中，而是要尝试将注意力转移到其他方面，如学习、兴趣爱好、社交活动等。通过努力学习提升自己的专业素养，在学习中获得成就感；发展自己的兴趣爱好，如绘画、音乐、运动等，丰富自己的生活，提升自我价值感；积极参与社交活动，结交新朋友，扩大自己的社交圈，拓展情感交流的渠道。这样不仅能够缓解单恋带来的痛苦，还能让自己在其他方面得到成长和发展。

(3) 家庭情感冲突中的协商与平衡

在处理家庭情感冲突时，大学生应该与家长建立良好的沟通机制，以平和、理性的态度向家长表达自己的想法、兴趣和职业规划，同时认真倾听家长的意见和期望。通过沟通，让家长了解自己的选择并非一时冲动，而是经过深思熟虑的，并且有一定的可行性和发展前景。例如，可以向家长介绍自己所选择的行业现状、发展趋势以及自己为此所做的准备，让家长放心。同时，尊重家长的经验和建议，在自己的理想与家庭期望之间寻找平衡。可以与家长共同探讨一些折中的方案，如在追求自己梦想的同时，也考虑到家庭的期望，选择一些相对稳定的发展路径，或者在适当的时候满足家长的一些合理要求，以维护家庭关系的和谐。

大学生在面对学业压力、人际关系困扰和情感困扰时，要积极主动地运用上述方法和策略进行应对和调节。同时，要认识到心理健康是一个动态的过程，需要不断地自我关注、自我反思和自我调整。在遇到难以解决的问题时，不要犹豫，及时寻求学校心理咨询中心、老师、朋友或家人的帮助和支持，共同度过心理难关，实现身心健康、全面发展的目标，为未来的人生道路奠定坚实的心理基础。

二、案例分析

在当今竞争激烈的社会环境下，大学生面临着来自学业、人际关系和情感等多方面的压力与挑战，这些因素交织在一起，倘若处理不当，极易引发严重的心理问题，甚至导致悲剧的发生。深入探讨这些问题，设计有效的应对方案并组织学生讨论，对于提升大学生心理健康水平具有极为重要的意义。

（一）学业压力导致的悲剧案例分析

1. 案例呈现

某高校学生李某，成绩优异，一直以来都是家人和老师眼中的骄傲。进入大学后，他选择了一门极具挑战性的专业课程。然而，大学的学习模式与高中截然不同，课程内容不仅艰深晦涩，而且要求具备很强的自主学习和研究能力。面对繁重的学业任务，李某逐渐感到力不从心。

在一次重要的专业考试中，李某成绩不理想，这使他受到了巨大的打击。他开始怀疑自己的能力，陷入了深深的自我否定之中。此后,他每天都花费大量时间在学习上,几乎放弃了所有的娱乐和社交活动,但成绩依然没有明显起色。随着时间的推移,他的精神状态越来越差,经常失眠、焦虑,对学习产生了极度的恐惧。最终,在一次期末考试前夕,李某不堪重负,选择了跳楼自杀,结束了自己年轻的生命。

2. 案例分析

李某的悲剧源于多方面因素。首先,他对学业失败的认知出现了严重偏差。在以往的学习经历中,他一直处于优秀的行列,因此一次考试失利对他而言是难以接受的。他将这次失败过度泛化,认为自己从此不再具备学好专业课程的能力,这种绝对化的思维方式使他陷入了绝望的深渊。

其次,李某缺乏有效的应对学业压力的策略。面对大学学习模式的转变,他没有及时调整学习方法,依然依赖于高中时期的死记硬背和题海战术。当这种方法无法奏效时,他没有寻求外界的帮助,如向老师、同学请教学习经验,或者利用学校提供的学习资源,如学术讲座、学习辅导中心等,而是选择独自承受压力,在自我封闭的状态下,压力不断累积,最终超出了他的心理承受极限。

3. 应对方法探讨

对于学业压力，大学生应树立正确的学习观和成败观。要明白学习是一个不断探索和成长的过程，一次的失败并不代表永远的失败。例如，可以采用目标管理的方法，将长期的学习目标分解为一个个具体的、可实现的小目标，每完成一个小目标就给自己一个小奖励，以此增强自信心和成就感。

同时，要积极探索适合大学学习的方法。比如，对于理论性较强的课程，可以结合实际案例进行学习，加深理解；对于实践性课程，要多参与实验、实习等活动，提高动手能力。此外，建立良好的学习支持系统也非常重要。与同学组成学习小组，定期交流学习心得、讨论疑难问题；主动与授课老师沟通，及时反馈学习中的困惑，获取指导和建议。

（二）人际关系紧张导致的悲剧案例分析

1. 案例呈现

在某大学宿舍里，学生王某性格较为内向，不太善于表达自己。宿舍里的其他几位同学性格开朗，经常在一起聊天、开玩笑。王某有时会觉得自己被边缘化，融不进宿舍的集体氛围。

一次，宿舍同学在讨论一个小组作业的分工问题时，由于王某没有及时表达自己的意见，其他同学便自行分配了任务，这让王某觉得自己没有得到尊重。之后，宿舍里又发生了几次小摩擦，如王某在休息时，其他同学声音较大，影响了他的睡眠，而他向同学提出意见时，双方发生了争执。这些矛盾逐渐加深了王某对宿舍同学的不满和怨恨。

在一次激烈的争吵之后，王某的情绪彻底失控，他拿起桌上的一个硬物砸向了其中一位同学，导致该同学重伤。这起事件不仅给受害者带来了巨大的身体伤害，也让王某面临法律的制裁，彻底改变了两个年轻人的命运。

2. 案例分析

王某的行为是长期人际关系紧张导致的结果。他本身性格内向，在人际交往中存在一定的障碍，不善于主动沟通和表达自己的需求与感受。当遇到问题时，他选择将不满情绪积压在内心，而不是通过恰当的方式去解决。

宿舍同学在一定程度上也缺乏对王某的理解和包容。在集体生活中，没有充分考虑到王某的性格特点和感受，在分配任务等事情上没有给予他足够的参与机会，从而引发了矛盾的产生和升级。此外，王某缺乏情绪管理和冲突解决的能力，在情绪激动时无法控制自己的行为，导致了悲剧的发生。

3. 应对方法探讨

在人际关系方面，大学生首先要提升自己的人际交往能力。对于性格内向的学生，可以从一些小的社交活动做起，如主动与邻座同学打招呼、参加班级组织的小组讨论等，逐渐锻炼自己的沟通和表达能力。

学会换位思考和理解他人也是非常重要的。在宿舍生活或与同学相处中，要尝试站在对方的角度去看待问题，理解他人的行为动机。例如，当遇到同学影响自己休息的情况时，可以心平气和地与对方沟通，说明自己的困扰，同时倾听对方的想法，共同寻求解决方案。

此外，要加强情绪管理能力的培养。当感到情绪激动时，可以采用深呼吸、暂时离开现场等方法让自己冷静下来，避免在冲动之下做出错误的行为。同时，学习一些冲突解决的技巧，如协商、妥协、寻求第三方调解等，以和平、友好的方式解决人际矛盾。

(三) 情感障碍导致的悲剧案例分析

1. 案例呈现

大学生张某在恋爱期间，与恋人的感情出现了问题。他的恋人逐渐对他变得冷淡，最终提出了分手。张某无法接受这个现实，他陷入了深深的痛苦和绝望之中。

张某开始不断地回忆与恋人在一起的美好时光，对分手的原因进行过度反思，认为是自己不够好才导致恋人离开。他试图挽回这段感情，多次向恋人求和，但都遭到了拒绝。这种挫败感让他的情绪变得极不稳定，他开始失眠、食欲不振，学习成绩也一落千丈。

在经历了一段时间的痛苦挣扎后，张某的心理状态逐渐恶化，他产生了报复恋人的念头。一天晚上，他在恋人回宿舍的路上拦住了她，并对其进行了言语威胁和身体攻击，造成了恋人身体和心理的双重伤害。张某也因此被学校处分，并面临法律的追责。

2. 案例分析

张某的悲剧源于他在情感挫折面前的脆弱心理和错误应对方式。在恋爱关系中，他对恋人过度依赖，将自己的全部情感寄托在这段感情上，当感情破裂时，他感到自己的世界崩塌了。

他缺乏对情感问题的正确认知和处理能力。在面对分手时，没有意识到感情的变化是复杂多样的，可能是双方不合适或者其他客观原因导致的，而是一味地自责和强求。同时，他在情绪管理方面存在严重缺陷，无法控制自己因失恋而产生的负面情绪，从而导致了暴力行为的发生。

3. 应对方法探讨

对于情感问题，大学生要树立正确的恋爱观。明白恋爱是一种相互尊重、相互理解的关系，不是一方对另一方的占有。在恋爱过程中，要保持独立的人格和自我，不过度依赖对方。

当面临情感挫折时，要学会接受现实，积极调整心态。可以通过与朋友倾诉、参加体育锻炼、转移注意力到学习或兴趣爱好上等方式来缓解失恋带来的痛苦。例如，将更多的时间投入自己喜欢的社团活动中，或者专注于提升自己的专业技能，在自我成长中逐渐走出失恋的阴影。

同时，要加强情绪调节和心理健康维护。学习一些情绪调节的方法，如积极的自我暗示、写日记宣泄情绪等。如果发现自己无法独自应对情感问题导致的心理困扰，要及时寻求学校心理咨询师或专业心理机构的帮助。

（四）组织学生讨论的方案设计

1. 讨论主题

大学生心理健康：从案例中汲取教训，提升应对能力。

2. 讨论目的

通过对上述案例的讨论，让学生深入了解大学生在学业压力、人际关系和情感方面可能面临的心理问题，引导学生分析问题产生的原因，探讨有效的应对方法，增强学生对心理健康问题的重视程度，提高学生在实际生活中应对心理问题的能力，促进学生之间的交流与合作，营造关注心理健康的良好校园氛围。

3. 讨论准备

（1）提前将三个案例的简要介绍分发给学生，让学生有时间对案例进行初步思考。

（2）邀请学校心理咨询中心的老师作为嘉宾参与讨论，以便在学生讨论过程中给予专业的指导和解答。

（3）准备讨论场地，如教室或会议室，并确保场地配备有多媒体设备，以便展示相关案例资料。

（五）讨论流程

1. 案例展示（30分钟）

主持人通过多媒体依次展示学业压力、人际关系紧张和情感障碍三个案例的详细内容，包括案例背景、事件经过和结果等。在展示过程中，可适当提问，引导学生关注案例中的关键细节。

2. 分组讨论（40 分钟）

将学生分成若干小组，每组 5~8 人。每个小组针对一个案例进行深入讨论，分析案例中主人公心理问题产生的原因、存在的错误应对方式以及应该采取的正确应对策略。小组成员轮流发言，鼓励不同观点的碰撞与交流。

3. 小组汇报（30 分钟）

每个小组推选一名代表进行发言，汇报本小组对案例讨论的结果。汇报内容包括对案例的分析、总结出的经验教训以及针对该类心理问题提出的预防和应对建议。其他小组可以进行补充提问或发表不同意见。

4. 专家点评（20 分钟）

学校心理咨询中心的老师对各小组的汇报进行点评，从专业角度分析案例中心理问题的深层次原因，对学生提出的应对方法进行评价和补充，强调心理健康在大学生成长过程中的重要性，并提供一些实用的心理健康维护技巧和资源。

5. 自由讨论与总结（20 分钟）

开放全场进行自由讨论，学生可以就自己在学习、生活中遇到的类似心理问题进行分享，交流个人的感受和应对经验。主持人对整个讨论过程进行总结，概括本次讨论的重点内容和达成的共识，鼓励学生将所学的心理健康知识运用到实际生活中，积极关注自身和他人的心理健康。

（六）讨论延伸

（1）要求学生在讨论结束后，撰写一篇关于本次讨论的心得体会，内容包括对案例的新认识、对自己心理健康状况的反思以及今后在面对类似问题时的行动计划。

（2）组织心理健康知识竞赛或主题演讲活动，以进一步巩固学生在讨论中所学的心理健康知识，提高学生对心理健康问题的关注度和表达能力。

（3）设立班级心理健康委员，定期组织班级内的小型心理健康交流活动，如心理健康茶话会、心理减压小组活动等，形成长期关注心理健康的班级文化。

通过对大学生学业压力、人际关系紧张和情感障碍导致的悲剧案例进行深入分析，并组织学生开展讨论活动，能够让大学生更加清晰地认识到心理健康问题的严重性和复杂性，掌握有效的应对方法，从而在面对各种挑战时保持良好的心理状态，健康、快乐地度过大学生活。

三、实践活动的设计与实施

设计并实施一系列与心理健康相关的实践活动,如心理健康讲座、心理拓展训练、心理咨询服务等,提高大学生的心理健康意识和实践能力。

大学生心理健康促进实践活动方案

一、活动主题

心灵护航,青春绽放

二、活动目的

通过举办一系列丰富多彩的心理健康相关实践活动,包括心理健康讲座、心理拓展训练、心理咨询服务等,全面提高大学生的心理健康意识,增强他们应对心理问题的实践能力,营造积极健康的校园心理文化氛围,助力大学生健康成长与全面发展。

三、活动对象

全体在校大学生

四、活动时间与地点

1. 心理健康讲座

时间：[具体日期1]，19~21时

地点：学校大礼堂

2. 心理拓展训练

时间：[具体日期2]，9~16时

地点：学校操场或体育馆（根据天气和活动需求选择）

3. 心理咨询服务

时间：每周一至周五14~17时（长期）

地点：学校心理咨询中心

五、活动内容及实施方案

（一）心理健康讲座

1. 讲座主题

大学生心理健康全解析：压力应对、人际关系与情感管理

2. 讲座内容

邀请知名心理学专家担任主讲嘉宾。

讲座伊始，专家通过生动的案例和数据展示当代大学生面临的主要心理问题，如学业压力导致的焦虑、

宿舍人际关系矛盾以及恋爱中的困惑等，引起学生的共鸣与关注，从而导入讲座主题。

深入剖析压力产生的根源，包括内部的自我期望、完美主义倾向，以及外部的学业竞争、社会评价体系等因素。详细讲解应对压力的有效方法，如时间管理技巧，通过制订合理的学习和生活计划，将大任务分解为小目标，避免任务堆积带来的紧迫感；情绪调节策略，如深呼吸放松法、积极的自我暗示、合理的情绪宣泄（运动、写日记等），帮助学生在面对压力时保持冷静和积极的心态。

探讨人际关系的重要性以及常见的人际困扰类型，如社交恐惧、人际冲突等。教授人际交往的基本原则和技巧，如尊重、理解、包容、有效沟通（倾听技巧、表达技巧、非言语沟通等），并通过角色扮演或小组互动的形式，让学生在实践中体验良好人际关系的构建过程，提升他们的人际沟通和问题解决能力。

针对大学生的情感问题，分析恋爱中的心理变化和常见误区，如过度依赖、控制欲过强、不懂得处理情感挫折等。引导学生树立正确的恋爱观，强调恋爱中的相互尊重、独立与成长，同时提供应对失恋等情感困境的方法，如转移注意力、寻求社会支持、重新审视自我价值等，帮助学生在情感方面保持成熟与理智。

3. 实施步骤

活动前两周：确定讲座主题、邀请专家，并通过学校官网、校园广播、班级群等多种渠道发布讲座通知，介绍讲座的主要内容、专家简介以及举办时间和地点，吸引学生报名参加。同时，准备讲座所需的音响设备、投影仪、麦克风等器材，并布置好讲座场地，如摆放座椅、悬挂横幅等。

讲座当天：提前两小时安排工作人员到达场地进行最后的设备调试和场地检查。在讲座入口处设置签到处，组织学生有序入场。讲座开始前15分钟，播放轻松的音乐和心理健康宣传视频，营造轻松的氛围。讲座过程中，安排专人负责摄影摄像，记录讲座精彩瞬间，并维持现场秩序，确保讲座顺利进行。讲座结束后，预留30分钟的互动答疑环节，让学生有机会向专家提问，解决个人的心理困惑。

（二）心理拓展训练

1. 训练主题

突破自我，携手共进——大学生心理成长之旅

2. 训练内容

团队建设游戏：通过"破冰之旅""名字接龙"等游戏，促使学生迅速打破陌生感，相互认识和了解，建立初步的团队信任。例如，在"破冰之旅"中，将学生随机分成若干小组，每个小组围成一个圈，依次

介绍自己的姓名、专业、兴趣爱好等信息,同时要重复前面同学的信息,以此提高学生的注意力和记忆力,加强团队成员之间的联系。

信任与协作挑战:开展"信任背摔""齐眉棍"等经典拓展项目。在"信任背摔"中,一名学生站在一定高度的平台上,背向队友,在做好安全防护措施的前提下,笔直地向后倒下,由台下的队友用手臂组成人床接住。此项目旨在培养学生对他人的信任以及团队成员之间的责任感,让学生深刻体会到在团队中相互支持的重要性。"齐眉棍"则要求所有团队成员共同用手指托住一根轻质长棍,将其缓慢下降至地面,在这个过程中,成员们需要保持高度的协作和默契,任何一个人的不协调都可能导致任务失败,通过该项目可以锻炼学生的团队沟通能力、协作能力和问题解决能力。

自我挑战与突破:设置如"高空断桥""攀岩"等具有一定难度和挑战性的项目。在"高空断桥"项目中,学生需要爬上高空,跨越一段有一定宽度间隙的断桥。这不仅考验学生的身体素质,更挑战他们的心理极限,如克服恐惧心理、增强自信心等。在学生进行挑战前,教练会给予充分的心理辅导和技术指导,鼓励学生勇敢地迈出舒适区,挑战自我。攀岩项目同样如此,学生在攀爬过程中需要克服体力消耗、高度恐惧等困难,通过不断地努力和坚持,达到自我突破的目的，也能培养学生的毅力和坚韧品质。

3. 实施步骤

活动前一个月：确定心理拓展训练的项目和流程，联系专业的拓展训练机构或学校体育教师担任教练团队，并对教练进行培训，使其熟悉大学生的心理特点和本次活动的目标与要求。制订详细的安全预案，对所有拓展训练设备进行严格检查和维护，确保设备安全可靠。通过学校各班级通知学生报名参加，并根据报名人数合理分组，每组安排一名组长协助教练组织活动。

训练当天：早上 8 点，教练团队和工作人员提前到达训练场地，再次检查设备和场地安全。学生到达后，先进行集合签到，教练进行开场致辞，介绍本次拓展训练的目的、规则和注意事项，强调安全第一的原则。然后按照预定计划依次开展各个拓展训练项目，每个项目结束后，教练组织学生进行分享和总结，引导学生思考在项目中的体验和感悟，促进学生之间的交流与学习。中午安排适当的休息和午餐时间，下午继续进行训练，直至所有项目完成。活动结束后，举行简短的闭营仪式，对表现优秀的团队和个人进行表彰，颁发荣誉证书或小奖品，鼓励学生将拓展训练中的收获运用到今后的学习和生活中。

(三) 心理咨询服务

1. 服务内容

(1) 个体心理咨询

学校心理咨询中心配备专业的心理咨询师，为学生提供一对一的心理咨询服务。咨询内容涵盖学习压力、人际关系、情感问题、职业规划、心理障碍等多个方面。咨询师根据学生的具体情况，运用不同的咨询理论和技术，如认知行为疗法、人本主义疗法、精神分析疗法等，帮助学生深入了解自己的心理状态，认识问题的根源，引导学生探索解决问题的方法，促进心理成长和自我完善。

(2) 团体心理咨询

针对大学生中普遍存在的一些心理问题，如社交焦虑、考试压力等，定期组织团体心理咨询活动。团体咨询以小组为单位，一般每组6~10人，通过成员之间的互动、分享和支持，帮助学生发现自己并非孤单面对问题，增强心理归属感和应对问题的信心。例如，在社交焦虑团体咨询中，咨询师会设计一系列的活动和讨论话题，如角色扮演、社交情境模拟、自我暴露练习等，让成员在安全的环境中逐渐克服社交恐惧，提升社交技能。

(3) 心理测评与反馈

心理咨询中心提供多种心理测评工具，如 MBTI 性格测试、SCL-90症状自评量表、大学生心理健康普查问卷等，帮助学生了解自己的性格特点、心理状态和潜在的心理问题。在学生完成测评后，咨询师会对测评结果进行专业解读和分析，并给予个性化的反馈和建议，引导学生关注自己的心理健康，及时调整心理状态。

2. 实施步骤

（1）长期服务

心理咨询中心每周一至周五 14~17 时开放，学生可以通过电话、微信公众号或现场预约的方式预约心理咨询服务。咨询师在接到预约后，提前了解学生的基本信息和咨询问题，做好咨询准备。咨询过程中，咨询师严格遵守保密原则，为学生创造一个安全、信任的咨询环境。咨询结束后，咨询师及时记录咨询内容和过程，对学生的情况进行跟踪评估，必要时提供进一步的咨询或转介服务。

（2）团体咨询组织

根据学生的需求和常见心理问题，确定团体咨询的主题和时间安排。提前通过学校官网、校园广播、班级群等渠道发布团体咨询招募通知，介绍团体咨询的主题、目标、活动形式以及报名要求等信息，吸引学生报名参加。在团体咨询开始前，咨询师对报名学生进行筛选和分组，确保小组成员之间具有一定的相似性和互补性，有利于团体互动和成长。团体咨询活动一般每周开展一次，每次1.5~2小时，连续开展6~8次为一个周期。在活动过程中，咨询师引导团体成员积极参与讨论和互动，营造良好的团体氛围，促进成员之间的相互支持和共同成长。

六、活动宣传与推广

1. 制作活动海报

设计一系列精美的活动海报，包括心理健康讲座、心理拓展训练和心理咨询服务的宣传海报。海报内容突出活动主题、特色项目、举办时间和地点等关键信息，并配以吸引人的图片和色彩，张贴在学校教学楼、宿舍、食堂等人流量较大的地方。

2. 利用校园媒体

撰写活动新闻稿，发布在学校官网、校园广播、校报等校园媒体平台上，详细介绍活动的背景、目的、内容和参与方式，提高活动的知名度和影响力。同时，邀请校园媒体记者对活动进行跟踪报道，及时发布活动的最新进展和精彩瞬间，吸引更多学生关注心理健康问题。

3. 班级宣传

通过各班级辅导员或心理委员，将活动通知和相关资料下发到每个班级，组织班级内部进行活动宣传和动员，鼓励学生积极参与。心理委员可以在班级内开展小型的心理健康知识分享会，介绍活动的亮点和意义，解答同学们的疑问，激发同学们的参与热情。

4. 社交媒体推广

利用微信公众号、微博等社交媒体平台，发布活动信息和相关宣传资料，如活动预告视频、专家介绍、拓展训练精彩瞬间照片等，并设置互动话题，如"你最期待的心理健康活动""分享你的心理健康小秘诀"等，吸引学生参与互动，扩大活动的传播范围。

七、活动预算

1. 心理健康讲座

专家讲座费用：××元

场地租赁费用：××元

设备租赁及布置费用：××元

宣传资料制作费用：××元

总计：××元

2. 心理拓展训练

拓展训练机构服务费用：××元（或教练团队劳务费用：××元）

训练设备租赁及维护费用：××元

安全防护设备采购费用：××元

午餐及饮用水费用：××元

宣传费用：××元

荣誉证书及小奖品费用：××元

总计：××元

3. 心理咨询服务

心理咨询师培训费用：××元

心理测评工具采购及更新费用：××元

咨询室设备维护及更新费用：××元

宣传费用：××元

总计：××元

总预算：××元（以上各项费用仅为估算，具体费用可根据实际情况进行调整）

八、活动效果评估

1. 问卷调查

在活动结束后，设计详细的问卷调查，分别针对心理健康讲座、心理拓展训练和心理咨询服务的参与者进行调查。问卷内容包括对活动内容的满意度、对自身心理健康意识和实践能力提升的评价、对活动组织和实施的建议等方面。通过对问卷数据的统计分析，了解学生对活动的整体评价和实际收获，评估活动在提高学生心理健康意识和实践能力方面的效果。

2. 学生反馈与访谈

设立专门的意见反馈邮箱和电话，鼓励学生在活动结束后主动反馈自己的感受和意见。同时，随机抽取部分活动参与者进行深度访谈，了解他们在活动中的具体体验、心理变化以及对活动改进的建议。通过学生的反馈和访谈内容，深入了解活动对学生个体的影响，发现活动存在的不足之处，为今后活动的优化提供依据。

3. 行为观察与跟进

在活动结束后的一段时间内，通过观察学生在日常学习和生活中的行为表现，如学习态度的转变、人际关系的改善、应对压力的方式等，评估活动对学生心理健康的长期影响。此外，对于在活动中表现出明显心理问题或需要进一步帮助的学生，心理咨询中心进行跟踪服务，了解其心理状态的变化和发展，评估活动在解决学生实际心理问题方面的效果。

通过以上一系列与心理健康相关实践活动的开展、宣传推广、预算安排以及效果评估，旨在全面提高大学生的心理健康意识和实践能力，为大学生营造一个积极健康、充满关爱的校园心理环境，助力他们在大学期间实现身心健康成长，为未来的人生发展奠定坚实的心理基础。